Wir

Unterdorfkinder

oder

Einer

ist immer der

Horst

Zeitreise

in eine fast vergessene Welt

Von

Horst Heckendorn

Für Mama und Papa

Hilde Ernestine Kurz

Geb. Bieselin

1929 - 2004

und

Erwin Alfred Kurz

1928 - 2002

Kapitelverzeichnis

Vorwort zur zweiten, vollständig überarbeiteten und erweiterten Neuauflage

…Liebe Leserin, lieber Leser

Im Frühjahr Zweitausendneunzehn erblickten meine Unterdorfkinder zum ersten Mal das Licht der Welt.
Die vielen positiven Rückmeldungen erfüllten mein Herz mit grosser Freude und nicht wenige meiner Leser bedankten sich sogar persönlich bei mir mit den Worten: «Du hast mir ein Stück meiner Kindheit zurückgegeben».
Die Resonanz auf meine Kindheitserinnerungen war riesig und diese liefen sogar im Rennen für einige Buch,- und Literaturpreise.
Letzten Endes schafften sie es aber nicht bis ins Ziel und gingen leider leer aus.
Immerhin kam ich so jedoch in den Genuss an der Verleihung des Schweizerischen Literaturpreises in der Nationalbibliothek Bern teilzunehmen und dort einmal echte Stars der Literaturszene hautnah kennenlernen zu dürfen.
Warum jetzt also nach so kurzer Zeit schon eine komplett überarbeitete Neuauflage?
Letztlich ausschlaggebend für diese zweite, völlig überarbeitete und erweiterte Neuauflage war ein inoffizielles kleines Klassentreffen, welches trotz der Coronakrise mitten im Sommer Zweitausendeinundzwanzig stattfand.

Dort gab es dann endlich ein langes ersehntes Wiedersehen mit einigen ehemaligen Unterdorfkindern die ich grösstenteils seit über vierzig (!) Jahren nicht mehr gesehen hatte.

Einige waren zwar schon vorher aus der Versenkung aufgetaucht und im Zuge der Erstveröffentlichung dieses Buches mit mir in Kontakt getreten.

Allein schon dafür hatte sich die monatelange Arbeit an diesem Projekt gelohnt.

Die ersten Stunden unseres Klassentreffens fand ich noch sehr erfrischend und stellte mit grosser Genugtuung fest, dass die früheren Eigenarten und Charaktereigenschaften noch genau dieselben waren wie früher.

Nur das optische Erscheinungsbild hatte sich zum Teil gravierend verändert und passte nun so gar nicht mehr zu den abgespeicherten Bildern in meinem Kopf.

Wir tauschten uns gegenseitig aus und frischten unsere gemeinsamen Erinnerungen wieder auf.

Bei dieser Gelegenheit wurde mir schlagartig bewusst, dass jeder und jede von uns seine ganz eigene Sicht der Dinge mitbrachte und oftmals eine völlig andere Wahrnehmung der damaligen Ereignisse abgespeichert hatte als ich.

Häufig genügte schon ein blosses Stichwort, um bei mir für komplettes Kopfkino zu sorgen.

Vieles von dem, was bisher noch ganz tief in meinem innersten verborgen geblieben war, trat plötzlich wieder ans Tageslicht und erwachte zu neuem Leben.

Leider kippte dann irgendwann die Stimmung als einige begannen von ihrer Gallenblasenoperation und ihren neuen Hüftgelenken zu erzählen.

Auch beim Thema Enkelkinder und deren ersten Schritten

konnte ich beim besten Willen nicht mithalten und machte mich deshalb alsbald aus dem Staub.

Nichtsdestotrotz stand es für mich nach diesem äusserst amüsanten und aufschlussreichen Treffen ausser Frage, dass die neu hinzugewonnenen Erkenntnisse und Erinnerungen unbedingt in dieses Manuskript mithineinfliessen mussten.

Nur so konnte ich endlich zu einem (hoffentlich) befriedigenden Endergebnis gelangen.

Ich glaube es ist mir gelungen.

In diesem Sinne wünsche ich Ihnen spannende Unterhaltung und viel Vergnügen mit meinen Unterdorfkindern 2.0.

Prolog

Wir alle sind doch mehr oder minder nur das Produkt unserer Erziehung, sofern wir, denn überhaupt eine solche genossen haben.

Die Erlebnisse und Erfahrungen unserer Kindheit prägen uns ein Leben lang und lassen einen oft lebenslang nicht mehr los.

Gezeugt in einem unachtsamen Akt der Begierde und durch die Kraft zweier Lenden wurde ich rein zufällig in die wilden und stürmischen Sechzigerjahre hineingeboren.

Einer Phase, die gemeinhin als eine Zeit des gesellschaftlichen Aufbruchs und der Veränderung gepriesen wird, die aber weitgehend spurlos an meinem eher konservativ geprägten Elternhaus vorüberging.

Diesen fehlte nämlich schlichtweg die Zeit, um sich mit der Revolution des Proletariats und anderen politischen Veränderungen zu befassen.

Stattdessen waren sie vollauf damit beschäftigt vier hungrige Mäuler zu stopfen und zuzusehen, wie sie halbwegs über die Runden kamen.

Das ging im Übrigen wohl allen hart arbeitenden Normalbürgern nicht anders und so ist die viel gepriesene «68er Revolution» wohl eher ein Sturm im Wasserglas geblieben, welche sich vor allem in pseudointellektuellen studentischen Zirkeln vollzog.

Im normalen Alltag der meisten Menschen hatte diese kaum Auswirkungen.

Die ersten bewussten Kindheitserinnerungen erlebte ich

dann in den schrillen Siebzigerjahren, um dann schliesslich in den coolen und durchgestylten Achtzigern des vorangegangenen Jahrhunderts zum Teenager und jungen Erwachsenen heranzureifen.

Meine ersten Lebensjahre waren geprägt von Armut, Aggression und Alkoholismus.

Wenn man der sozialen Prognose einiger sogenannter Experten folgen würde, dann hätte ich als gesellschaftlich benachteiligtes Unterdorfkind zwangsläufig eine steile Karriere als Drogendealer oder Kleinkrimineller einschlagen müssen, der alten Damen die Handtasche raubt.

Stattdessen helfe ich ihnen heute lieber über die Strasse und diene somit als lebender Beweis dafür, dass die These von der angeblich schlechten Kindheit nicht immer als Ausrede für asoziales und kriminelles Verhalten herhalten kann.

Das es mir als Sohn eines sprichwörtlich armen Schluckers dennoch gelang ein halbwegs anständiger und normaler Mensch zu werden gleicht demnach fast schon einem Wunder.

Doch vieles von dem, was ich als kleines Kind und heranwachsender Teenager erlebt und erfahren habe, verfolgt mich auch heute noch und so manches davon begleitet mich jede Nacht in den Schlaf hinein.

Einiges davon werde ich wohl bis zum Ende meiner Tage mit mir herumtragen.

Selbstverständlich habe ich aber auch sehr viele schöne und angenehme Erinnerungen an diese Zeit, die ich unter keinen Umständen missen möchte.

Nicht wenige meiner Zeit-, und Altersgenossen werden nicht müde zu behaupten, dass früher alles besser gewesen sei.

Das mag zum Teil durchaus stimmen.

Doch wer dieses Mantra vehement und gebetsmühlenartig wiederholt, macht sich meines Erachtens nur selbst etwas vor und verschliesst die Augen vor der Realität.

Die Frage nämlich, ob damals tatsächlich alles besser war oder ob es sich im nach hinein durch die nostalgisch verfärbte rosa Brille betrachtet, vielleicht nur so anfühlt, muss letzten Endes jeder für sich selbst beantworten.

Unbestritten waren es definitiv andere Zeiten und Zustände als heute.

Doch jede Epoche in der Menschheitsgeschichte hatte ihre Licht-, und Schattenseiten.

Gute Zeiten - schlechte Zeiten gab und gibt es eben nicht nur im Fernsehen, sondern auch im wahren Leben.

Das Drehbuch für die eigene «Daily Soap» schreibt sich jeder jeden Tag selbst.

Die viel zitierten und überstrapazierten «Guten alten Zeiten» hatten eben auch viele Schattenseiten und zum Glück verklärt die Geschichte alles irgendwann ins Positive. Unser Gehirn erinnert sich lieber an die schönen Dinge des Lebens und so kommt mir heute retrospektiv betrachtet vieles gar nicht mehr so schlimm vor wie damals.

Spätestens nach der Lektüre dieses Buches wird so mancher seine Ansichten diesbezüglich revidieren müssen. Die Wahrheit liegt bekanntlich irgendwo in der Mitte und obwohl mein Vater jahrelang in einer Bonbonfabrik gearbeitet hat, war meine eigene Kindheit alles andere als ein Zuckerschlecken.

Dennoch betrachte ich diese heute, mit dem Abstand von mehreren Jahrzehnten, als frei und relativ unbeschwert.

Ich, wir, die Gesellschaft, ja die ganze verdammte Welt,

waren eine völlig andere als heute.

Ob nun besser oder schlechter liegt allein im Auge des Betrachters und ist wohl auch eine Frage der jeweiligen Perspektive.

Jeder von uns hat seine individuelle Wahrnehmung der Dinge und lebt in seiner eigenen Realität.

Wenn man zum Beispiel vier verschiedene Leute, vier Wochen lang, gemeinsam in die Ferien schicken würde und exakt das gleiche unternehmen liesse, kämen hinterher garantiert vier völlig unterschiedliche Geschichten dabei heraus.

Im direkten Vergleich zur heutigen selbsternannten letzten Generation «Z» mit ihren Smartphones, Tablets und Spielekonsolen, einem rigid getakteten Terminplan, und oftmals völlig überforderten und paranoiden Helikoptereltern, war meine eigene Kindheit geradezu paradiesisch.

Wir Kinder der «Generation X» also alle, die zwischen 1965 und 1980 geboren wurden, durften nämlich noch Kinder sein und hatten sicher weit weniger Stress und Leistungsdruck, als die voll digitalisierten und komplett kontrollierten Kids von heute.

Ich für meinen Teil möchte heutzutage jedenfalls kein Kind mehr sein.

Da ich zum Glück keine habe, bekomme ich zwar nur am Rande mit was so abläuft, doch wenn ich mir die ganzen gestressten Eltern um mich herum so anhöre und zum Beispiel mitbekomme, dass man von der Schulbehörde sogar schon den Belag für das Pausenbrot vorgeschrieben bekommt, frage ich mich allerdings ernsthaft in welche Richtung das noch alles gehen soll.

Eine Erziehung hin zu eigenverantwortlich und

selbstbestimmt handelnden Erwachsenen sieht definitiv anders aus, vom heutigen Bildungsniveau mal ganz zu Schweigen.

Wir alle wissen doch inzwischen, dass aus Kindern, die nichts dürfen und denen man alles Unangenehme abnimmt, Erwachsene werden, die nichts können.

Willkommen im Ponyhof.

Die Initialzündung zur Realisierung dieses Projekts lieferten meine Ferien am Gardasee im Sommer Zweitausendsiebzehn.

Ich lag völlig entspannt auf meinem Badetuch in der oberitalienischen Sonne und döste gerade sorgenfrei vor mich hin.

Während der Wind in den Blättern rauschte und ich dem Plätschern des Wassers lauschte, fuhr in der Ferne gerade irgendwo ein Zug vorbei.

Ein bis dato lange nicht mehr gehörtes Geräusch, welches mir jedoch nur allzu vertraut erschien.

Das monotone «Da...Damm...Da... Damm» der über die Schienen rollenden Räder bohrte sich tief in meine Gehörgänge hinein und trug mich hinfort an einen wohlvertrauten Ort.

Plötzlich war ich wieder zuhause in der Eisenbahnstrasse 32 in Frohen Hausen und lag in meinem Kinderzimmer auf dem Bett.

Bei offenem Fenster war das nämlich Original die Geräuschkulisse meiner Kindheit.

Nacht für Nacht hörte ich auf der nahegelegenen Bahnlinie die Züge vorbeirattern und das Rauschen der Blätter klang wie der Wind, der die Kronen der mächtigen Kastanienbäume vor meinem Fenster hin und her bewegte.

Das Plätschern des Wassers erinnerte mich an den kleinen

Bach, der direkt vor unserem Haus gemächlich dahinfloss. Zudem roch es in Bella Italia haargenau so, wie meine Kindheit im Deutschland der Siebzigerjahre.

Bei diesem Potpourri der Düfte handelte es sich um eine unvergleichliche Mischung aus delikat duftendem Essen, beissendem Rauch und stinkender Scheisse.

Ein akustischer und olfaktorischer Overkill sozusagen, welcher mich augenblicklich in meine früheste Kindheit zurückkatapultierte.

Wie ich da nun so leicht entrückt, fast schon wie in Trance da lag, liefen ganze Episoden meiner Kindheit wie ein Film vor meinem geistigen Auge vorüber.

Einem innerlichen Drang folgend, begann ich gleich nach den Ferien damit, mir meine Kindheitserinnerungen buchstäblich von der Seele zu schreiben.

Das Ergebnis halten sie gerade in ihren Händen.

Ich lade Sie hiermit herzlich dazu ein mich ein Stück auf meiner persönlichen Zeitreise, zurück in die siebziger und achtziger Jahre, zu begleiten.

Tauchen Sie ein in eine Welt, die so völlig anders war als die heutige und erleben sie mit mir zusammen noch einmal die Abenteuer meiner Kindheit mit.

Falls Sie selbst ein Kind dieser Epoche sind, erkennen sie sich vielleicht sogar an der einen oder anderen Stelle wieder.

Sollten Sie jedoch der jüngeren Generation angehören, werden sie hinterher vielleicht ein klein wenig verstehen, warum wir so geworden sind, wie wir sind.

So oder so wünsche ich ihnen jedenfalls viel Vergnügen und spannende Unterhaltung bei dieser Reise in eine fast vergessene Welt.

Zum Schutz der beteiligten Protagonisten aber auch zu

meinem eigenen, habe ich Namen und Orte bewusst verfremdet.

Jede Ähnlichkeit mit lebenden oder gar toten Personen ist jedoch kein Zufall, sondern pure Absicht.

1

Einer ist immer der Horst

Der dritte Dezember Neunzehnhundertsechsundsechzig war ein gewöhnlicher Samstag, wie jeder andere auch. Über Nacht hatte es noch einmal kräftig geschneit und die Temperaturen lagen deshalb nur wenige Grad über dem Gefrierpunkt.

Die Leute gingen ihren üblichen Geschäften nach und da die allgemeine Fünf Tage Woche noch nicht überall eingeführt worden war, war dieser Samstag für die meisten Lohn,- und Gehaltsempfänger ohnehin ein ganz normaler Arbeitstag.

Die Vereinigten Staaten von Amerika befanden sich gerade mal wieder im Krieg gegen ein kleines, unschuldiges Land mit Namen Vietnam und in der damaligen Bundeshauptstadt ohne nennenswertes Nachtleben, besser bekannt als Bonn, regierte eine grosse Koalition aus CDU und SPD unter dem Vorsitz von Bundeskanzler Kurt Georg Kiesinger.

So gesehen, war also alles fast wie immer.

Für mich hingegen sollte dieser Tag ein ganz Besonderer werden, denn meine eigene Geburt stand unmittelbar bevor.

Im städtischen Krankenhaus der südbadischen Kleinstadt

Frohen Hausen, lag meine Mutter Hilde schon seit Stunden in den Wehen.

„Pressen Hilde, immer feste pressen!" rief ihr Frau Auermann, die Hebamme, laut zu und versuchte damit meine Mutter zum Pressen zu animieren und gleichzeitig deren Schmerzensschreie zu übertönen.

Die beiden Frauen kannten sich bereits von den letzten drei Geburten und waren daher fast schon so etwas wie ein eingespieltes Team.

Nun hatte die Austreibungsphase eingesetzt und es würde jetzt sicherlich nicht mehr lange dauern, bis ich endlich als jüngster Ableger das Licht der Welt erblicken würde.

Dabei war ich gar nicht mehr geplant gewesen, sondern vielmehr so etwas wie ein «Verkehrsunfall».

Das passte auch gerade hervorragend zu der Tatsache, dass meine liebe Frau Mama, mit ihren siebenunddreissig Lebensjahren zum vierten Mal in anderen Umständen war und zum allerersten Mal eine Geburt allein, ohne ihren Ehemann Erwin, meinen Vater und Erzeuger, durchstehen musste.

Der war nämlich nur wenige Tage zuvor sturzbesoffen mit seiner Zündapp in eine nur spärlich beleuchtete Baustelle hineingedonnert.

(Kleine Anmerkung für die jüngeren unter uns: Bei Zündapp handelt es sich um eine Moped Marke und keine Handy App.)

Jetzt lag er mit einigen bösen; aber nicht lebensgefährlichen Blessuren ebenfalls im Krankenhaus. Allerdings in einem anderen, nämlich dem rund zehn Kilometer entfernt gelegenen grossen Kreiskrankenhaus und konnte daher meiner Ankunft nicht persönlich beiwohnen.

Bei den Geburten meiner drei Geschwister war er immer zugegen gewesen, doch nun glänzte er verletzungsbedingt durch Abwesenheit.

Ein wahrhaft schlechtes Omen gleich zu Beginn.

Wer weiss, vielleicht wäre sonst doch noch alles ganz anders gekommen?!

Zu jener Zeit gab es noch keine Ultraschalluntersuchungen zur Geschlechtsbestimmung wie das heutzutage selbstverständlich der Fall ist.

Damals hiess es einfach: Geht der Babybauch ringsum, wird es ein Mädchen, ist der Babybauch eher spitz, wird es ein Junge.

Meine Mutter hatte einen Ringsum Babybauch und deshalb sollte ich Sabine heissen.

So ging man felsenfest davon aus, dass ich ein Mädchen werden würde, und niemand hatte mit meiner Ankunft gerechnet.

Doch jetzt gab es kein Zurück mehr.

Mich hielt es nicht mehr länger in meiner engen und dunklen Behausung und so bahnte ich mir schliesslich den Weg durch den schmalen Geburtskanal nach draussen.

Um acht Uhr und vierzig Minuten an diesem winterlich kalten Samstagmorgen ertönte dann plötzlich mein gellendes Babygeschrei durch den Kreissaal.

Geboren zu werden hatte ich mir Irgendwie ganz anders vorgestellt.

Das grelle Licht schmerzte mich in den Augen und bitterkalt war es zudem auch noch.

Da war es auch nicht weiter verwunderlich, dass beim Anblick meines verschrumpelten Pillermanns meiner Mutter augenblicklich der blanke Schrecken in die Glieder fuhr.

Völlig entsetzt rief sie durch den Kreissaal:

«Jesses Maria! Das ist Ja ein Bub! Jetzt haben wir keinen Namen für ihn!"
Woraufhin die Hebamme spontan meinte:
«Nennt ihn doch einfach Horst».
So war mein Schicksal besiegelt und nahm nun unaufhaltsam seinen Lauf. Vielen Dank an dieser Stelle!
Das Dumme an diesem dämlichen Vornamen war nämlich, dass Mitte der sechziger Jahre noch kein Mensch in Süddeutschland so hiess.
Deshalb war und blieb ich auch für lange Zeit der einzige Horst weit und breit und war mit diesem Vornamen schon bald so exotisch wie heutzutage die ganzen Kevins, Jaquelines oder Chayennes.
Erschwerend kam noch hinzu, dass hier unten, im Dialekt sprechenden Süden, niemand meinen Namen so richtig aussprechen konnte, ja nicht einmal ich selbst.
Wenn man mich in meinen ersten Lebensjahren nach meinem Namen fragte, antwortete ich immer mit «Hurscht».
Gottlob wurde ich deswegen aber nicht gleich zum Logopäden geschleift, sondern man wartete erst einmal geduldig ab, und hoffte das sich das von selbst auswachsen würde.
So wurde aus dem hochdeutschen Horst mit einem spitzen S im Handumdrehen der südbadisch eingefärbte «Horscht» mit einem breiten SCH.
«Wir können alles, ausser Hochdeutsch», lautete nicht umsonst der Werbeslogan fürs «Muschterländle» Baden - Württemberg.
Kaum dem Uterus entwichen, entwickelte ich schon bald einen kräftigen und gesunden Appetit.
Innerhalb kürzester Zeit wurde aus mir ein richtiger Brocken und so dauerte es auch nicht mehr lange bis aus

Hurscht schliesslich Wurscht wurde.

Doch mit den Attributen einer Wurst verglichen zu werden, war auch nicht sonderlich schmeichelhaft.

Mein obendrein auch noch unglücklicher Familienname, nämlich «Kurz» gab mir dann endgültig den Rest.

(Jetzt mal ganz ehrlich, welcher kleine Junge oder später auch erwachsene Mann, möchte schon gerne «Kurz» heissen?!)

Schon bald kam es wie es kommen musste.

Als ich dann im zarten Alter von drei Jahren in den Kindergarten eintrat, hatte ich auch schon gleich meinen Spitznamen vorneweg.

Was glauben Sie wohl reimt sich gut auf Kurz? Na?

Richtig geraten: Furz! So wurde aus Horst Kurz im Handumdrehen Wurscht Furz.

Auf der Strasse und im Kindergarten riefen mir die anderen immer:

«Kurz-Furz, Kurz-Furz" hinterher.

Das fand ich zwar nicht sonderlich prickelnd aber mit der Zeit gewöhnte ich mich daran, als Flatulenz betitelt zu werden.

Zudem wurden diese hämischen Hänseleien nahezu gleichmässig auf alles und jeden verteilt und so kam früher oder später jeder mal an die Reihe.

Beim einen waren es die weit abstehenden Segelohren, beim anderen die krummen X -Beine, und beim nächsten wieder irgendetwas anderes, was gerade die Sticheleien der anderen Kinder auf sich zog.

Geteiltes Leid ist halbes Leid und einer war halt immer der Horst.

Auf Neudeutsch würde man das heutzutage wohl Mobbing nennen.

Wir nannten das schlichtweg Abhärtung fürs Leben.

Auf diese, zugegebenermassen oft sehr schmerzliche Art und Weise, lernten wir jedoch allmählich mit unseren Frustrationen umzugehen und uns im Alltag zu behaupten.

Kinder können grausam sein.

Liebe Eltern, was habt ihr euch nur dabei gedacht?

Als jüngstes von vier Kindern waren die Zutaten nicht mehr so frisch und unverbraucht wie bei meinen drei älteren Geschwistern.

Anders konnte ich mir meine körperlichen Defizite jedenfalls nicht erklären.

So schaffte ich es zum Beispiel nicht mit den Fingern zu zählen, da sich an jeder Hand nur drei meiner fünf Finger öffnen liessen.

Alle Fünf Finger zusammen ging aber hintereinander eins, zwei, drei, vier, fünf zu zählen funktionierte einfach nicht.

Genauso wenig konnte ich mit der Zunge rollen oder das rechte Auge zusammenkneifen.

So zwinkere ich bis heute halt nur mit dem linken und behalte dafür den vollen Durchblick und dank meiner Senkplattfüsse habe ich immer festen Bodenkontakt.

Sie finden das nicht weiter schlimm?

Als kleines Kind ist das vernichtend!

Dank dieser negativen Erfahrungen bin ich nie sonderlich an meinen Namen gegangen und war somit auch gerne bereit bei meiner Hochzeit den Familiennamen meiner Frau anzunehmen.

Die ist nämlich mit ihren Ein Meter einundachtzig Körpergrösse definitiv zu gross, um «Frau Kurz» zu heissen.

Seither heisse ich schlicht Horst Heckendorn und „Kurz-Furz" gehört nun hoffentlich für alle Zeiten der Vergangenheit an.

Ein weiterer, nicht zu unterschätzender Vorteil dieses Namenswechsels ist die Tatsache, dass ich offensichtlich der einzige Mensch auf dieser Kugel bin, der so heisst. Im ganzen World Wide Web scheint es jedenfalls keinen zweiten Horst Heckendorn zu geben.

Sollte also tatsächlich irgendwo da draussen jemand mit diesem Namen existieren, so lade ich ihn hiermit herzlich dazu ein sich bei mir zu melden.

Ich gebe einen aus.

Kleiner Fun Fact am Rande: Nach meiner Hochzeit brauchte ich dennoch noch eine ganze Weile, bis ich mich endlich an meinen neuen Nachnamen gewöhnt hatte.

Als ich zum Beispiel in meiner beruflichen Eigenschaft als Notfallsanitäter ein krankes Kind von einer Klinik zur anderen verlegen sollte, stellte ich mich dem anwesenden Vater mit den Worten vor:

«Guten Tag, mein Name ist «Kurz», äh quatsch ...ich meine natürlich Heckendorn», worauf mich dieser skeptisch von Kopf bis Fuss musterte und meinte:

«Äh…SIE fahren aber nicht, oder?»

Inzwischen habe ich mich aber längst an meinen neuen Namen gewöhnt und trage ihn nicht ohne Stolz.

Ein «Horst» hingegen werde ich wohl für den Rest meines Lebens bleiben.

Auch, oder gerade deshalb, weil dieser Vorname akut vom Aussterben bedroht ist.

Hand aufs Herz, wer möchte sich heutzutage schon gerne zum «Vollhorst» machen und als Elternpaar seinem Sohn diesen Vornamen mit auf den Lebensweg geben?

Ein Name, der mittlerweile zum Synonym für sämtliche menschlichen Unzulänglichkeiten geworden ist.

Dabei war Horst einmal voll im Trend und wurde vor allem im Mittelalter gerne in Ritter,- und Adelskreisen vergeben.

Horst bedeutet in etwa so viel wie «Mann aus dem Gebüsch», was vermutlich nicht nur bei mir augenblicklich Assoziationen zu einem auf der Lauer liegenden Sittenstrolch hervorruft.

Doch nicht nur der Gedanke an einen Exhibitionisten, sondern auch die nahe Verwandtschaft zum englischen Wort für Pferd, nämlich Horse, machen das Ganze auch nicht besser.

Ach ja, wohin fliegt der schwule Adler?

Richtig, zu seinem Horst.

Man(n) kann es drehen und wenden, wie man will, als Horst in man einfach immer der «Horst».

Das städtische Krankenhaus von Frohen Hausen, in dem ich damals geboren wurde, ist derweil in ein Alten-, und Pflegeheim umgewandelt worden.

Vielleicht schliesst sich ja eines Tages der Kreis und ich trete dort ab, wo einmal alles begann?

Doch wer rettet in der Zwischenzeit den Horst vorm Aussterben?

Klein Horst auf Papis Arm (1967)

2

»Wer hat Angst vorm schwarzen Mann?«

An meinem Hintern hatte ich damals noch Windeln aus Stoff die von einer strapazierfähigen Gummihose halbwegs zusammengehalten wurden.
Diese Stoffwindeln wurden von Mama mitsamt der restlichen Wäsche von Hand in der Waschküche in einem mit Holz beheiztem Kessel gewaschen und ausgekocht.
Eine elektrische Waschmaschine war zu dieser Zeit noch genauso unerschwinglich, wie praktische Wegwerfwindeln.
Kaum war ich den Dingern dann endlich entwachsen, wartete bereits der Kindergarten auf mich.
Der war zu dieser Zeit noch Lichtjahre von den heutigen Massstäben entfernt und unterschied sich schon allein dadurch von den Frühpädagogischen Leistungstempeln der Neuzeit, weil wir Kinder dort ausschliesslich nur zum Spielen und Toben hingingen.
Dieses archaische Treiben wurde nur von gelegentlichem singen, klatschen und Kastanienmännchen basteln unterbrochen.
Bei den sogenannten «Kindergärtnerinnen» handelte es sich in der Regel um ungelernte Hausfrauen, die sich auf diese Art und Weise noch etwas Geld dazu verdienten.
Wir Kinder sprachen sie alle mit Tante und ihrem

Vornamen an, wobei diese «Tanten» dann häufig auch noch ganz nebenbei die Mutter eines unserer besten Freunde darstellten.

Somit erfuhren wir bei unseren regelmässigen und spontan stattfindenden gegenseitigen Hausbesuchen oft die gleiche hochprofessionelle pädagogische Betreuung wie vormittags im Kindergarten, nämlich gar keine.

Den Erziehungsstil, den man uns angedeihen liess, nannte man GMV = gesunden Menschenverstand, eine heutzutage leider völlig aus der Mode gekommene und in Vergessenheit geratene Erziehungsmethode.

Pisa war für uns nur eine Stadt mit einem schiefen Turm in Italien und noch kein Synonym für frühkindlichen Leistungsdruck.

Unserer eigenen Fantasie und Kreativität waren keinerlei Grenzen gesetzt.

Wir hatten keine High Tech Spielekonsolen, um in virtuelle Welten abzutauchen, sondern schufen uns diese einfach selbst, in unseren Köpfen.

Unsere Spielsachen waren aus Holz, Hartplastik oder Blech und zentimeterdick mit hochgiftiger Farbe lackiert.

Die Legosteine wurden von Generation zu Generation weitergereicht und die darauf befindlichen Bazillen haben mich mit Sicherheit für alle Zeiten gegen sämtliche Krankheiten dieser Welt abgehärtet.

Nur Playmobil war leider noch nicht erfunden.

Wenn wir uns stritten und dabei im Eifer des Gefechts gegenseitig die Nasen blutig schlugen, was durchaus öfters mal vorkam, wurde nicht sofort der Kinder-, und Jugendpsychologische Dienst eingeschaltet, sondern wir klärten das erst einmal unter uns.

Wer bereits am Boden lag oder sich ergeben hatte, wurde

sofort in Ruhe gelassen und nicht noch weiter mit Füssen getreten.

So lernten wir mit der Zeit unsere Konflikte selbstständig zu lösen und mit unseren Aggressionen umzugehen aber auch sich zu wehren und wie man ganz schnell wieder Frieden schliesst.

Früher oder später begriff es dann irgendwann jeder, auch ohne Antiaggressionstraining und Einmischung durch die Erwachsenen, dass hauen ziemlich doof ist.

Okay, okay, es gab natürlich auch Ausnahmen.

Im Kindergarten lernten wir das Lied: «Zehn kleine Negerlein» oder spielten: „Wer hat Angst vorm schwarzen Mann?"

Dabei dachten wir nicht im Traum daran, dass es in irgendeiner Form rassistisch oder gar fremdenfeindlich gemeint sein könnte.

Ganz im Gegenteil.

Uns taten die armen Kinder in Afrika leid und so spendeten wir ab und zu ein paar Pfennige für eine Wohltätigkeitsorganisation.

Vielleicht lag dieser Spendeneifer aber auch nur an der lustigen Sammelbüchse.

Wenn man dort nämlich eine Münze in den Schlitz steckte, begann das darauf befindliche Figürchen in Form eines schwarzen Kindes dankbar mit dem Kopf zu wackeln, ähnlich wie beim berühmten Wackeldackel auf der Hutablage in Papas Auto.

Doch in einem Punkt waren wir uns alle einig:

«Brot für die Welt, aber die Wurst bleibt da!»

Hin und wieder begegnete uns dann dieser «schwarze Mann» auf dem Nachhauseweg vom Kindergarten in Gestalt des örtlichen Dorftrottels, dem es offensichtlich gefiel, sich vor uns Kindern einen runterzuholen oder uns sein entblösstes Ding zu zeigen:

«Wer hat Angst vorm schwarzen Mann?»
«Niemand!»
«Wenn er aber kommt?»
«Dann laufen wir davon!»

Das taten wir dann auch. Diese höchst heikle Angelegenheit wurde dann aber intern und ohne die Hilfe der Polizei geregelt, indem einige aufgebrachte Väter dem armen Kerl einfach mal bei Nacht und Nebel auflauerten und ihm gehörig die Fresse polierten.
Danach gehörten dessen exhibitionistische Spielchen für eine Weile wieder der Vergangenheit an.
Die Leitung des Kindergartens oblag damals der katholischen Kirche und wurde von einem schwarzen Pinguin mit Namen «Schwester Griseldis» durchgeführt.
Diese gänzlich spassbefreite und angsteinflössende Nonne, machte einen Extrem düsteren und diabolischen Eindruck auf mich.
Sie führte ein sehr strenges Regiment und liess einen zur Strafe für das noch so kleinste Vergehen auch schon einmal das mitgebrachte Pausenbrot auf der Toilette verzehren.
Obwohl inzwischen hinlänglich bekannt ist, was in kirchlichen Jugendeinrichtungen dieser Art zu jener Zeit so alles im Namen des Herrn getrieben wurde, hat sie mich jedoch nie zu Fellatio oder Cunnilingus genötigt.
Gottseidank!
Wer seine Körperfunktionen noch nicht so richtig beherrschte und sich deshalb einmal versehentlich in die Hosen machte, musste zur Strafe den Rest des Tages in

einer knallroten Feinstrickstrumpfhose herumlaufen.

Wer dieses kompromittierende Kleidungsstück tragen musste, hatte also buchstäblich und im wahrsten Sinne des Wortes verkackt.

Der oder diejenige, war nun schutzlos dem Hohn und Spott der anderen Kinder ausgeliefert.

Diese zeigten unverhohlen mit dem nackten Finger auf den betreffenden Delinquenten und riefen je nach Art der Ausscheidungsmisere:

«Hosenpisser, Hosenpisser!»

oder eben:

«Hosenscheisser, Hosenscheisser!»

Die knallrote Strumpfhose tragen zu müssen, war also definitiv die Höchststrafe!

Am Ende des Tages, bekam man dann einen Stoffbeutel mit den vollgepinkelten Klamotten in die Hand gedrückt und wurde so auf den Nachhauseweg geschickt den wir, nebenbei bemerkt, selbstverständlich zu Fuss und ohne die Begleitung irgendwelcher Erwachsenen zurücklegten.

Der erzieherische Effekt dieser Massnahme war ungemein, glauben sie mir, denn die Schikanen und Hänseleien der anderen Kinder hörten jetzt natürlich nicht auf, sondern setzten sich auf dem Heimweg fort, sodass dieser nun zu einem wahren Spiessrutenlauf wurde.

Eines schönen Tages wurde ich dann aber doch völlig überraschend von meiner grossen Schwester Bärbel vom Kindergarten abgeholt.

Was hatte das zu bedeuten?

Selbst mir, als kleinem Knirps, war sofort klar, dass irgendetwas ganz schlimmes passiert sein musste.

„Die Kirsten ist von einem Auto überfahren worden" verbreitete sich in Windeseile die schreckliche Nachricht.

Kirsten war ein kleines Mädchen aus der Nachbarschaft, welches offenbar beim Spielen auf die Strasse hinausgelaufen und dann von einem gerade zufällig vorbeifahrenden Kieslaster überrollt worden war.

Der junge Fahrer hatte wohl noch versucht der Kleinen auszuweichen und den tonnenschweren Lastwagen beherzt nach links gezogen.

Doch unglücklicherweise erwischte er das Kind gerade noch mit dem rechten Hinterrad und überrollte es.

Kirsten war auf der Stelle tot.

Hand in Hand lief ich nun mit meiner grossen Schwester den knapp einen Kilometer langen Weg nach Hause.

Schon von weitem sahen wir eine grosse Traube von Schaulustigen entlang der Strasse stehen.

Der quer zur Fahrbahn stehende LKW wirkte auf mich wie ein riesengrosses und bedrohliches Ungeheuer.

Die Polizei hatte die Unfallstelle bereits komplett abgeriegelt und am Strassenrand lag unter einer weissen Plane der kleine, zerschmetterte Körper von Kirsten.

Die weisse Plane hatte an einigen Stellen rote Flecken bekommen und mehrere kleine Rinnsale von Blut krochen unter ihr hervor und bahnten sich nun langsam ihren Weg in Richtung Rinnstein.

Ein Anblick, der sich für immer und ewig, unauslöschlich in meinem Gehirn eingebrannt hat.

Den blutjungen Lastwagenfahrer, der nebenbei bemerkt am darauffolgenden Tag heiraten wollte, traf keine Schuld an diesem Unfall.

Dennoch würde er nun für den Rest seines Lebens damit klarkommen müssen, für den Tod eines kleinen Mädchens verantwortlich zu sein.

Zu dieser Zeit war es absolut nichts ungewöhnliches, dass Menschen im Strassenverkehr zu Tode kamen.

1970 gab es allein in der Bundesrepublik Deutschland fast 20.000 (!) Verkehrstote.

Sie wurden als Fussgänger oder Radfahrer von Autos, Lastwagen oder Motorrädern überfahren oder kamen als Fahrer oder Beifahrer bei Verkehrsunfällen ums Leben.

Zum Vergleich: Im Jahr 2020 waren «nur» 2719 Opfer zu beklagen und das mit dem Gebiet der ehemaligen DDR zusammengenommen.

Ganz zu schweigen vom seither exorbitant gestiegenen Verkehrsaufkommen.

Auch mein grosser Bruder war nur wenige Jahre zuvor von einem Auto angefahren worden.

Er wollte nur mal eben schnell die Strasse überqueren, weil er zuhause dringend auf die Toilette musste.

Dabei wurde er von einem Auto erfasst und zu Boden geschleudert.

Voll banger Sorge um ihren erstgeborenen Sohn stürzte meine Mutter aus dem Haus hinaus auf die Strasse hinunter und riss meinen Bruder an sich.

Dabei fühlte sie mit ihrer Hand einen dicken Klumpen in seiner Hose und dachte schon es hätte ihm die ganzen Eingeweide herausgedrückt.

Glücklicherweise war er aber gänzlich unverletzt geblieben.

Nur der Gang zur Toilette hatte sich inzwischen erübrigt.

Trotz weitaus geringerem Verkehr gab es wesentlich mehr Unfälle als heute.

Kein Wunder, schliesslich existierten weder allgemein gültige Geschwindigkeitsbeschränkungen noch Tempo 30er Zonen.

Die Fahrzeuge hatten weder Airbags noch
Sicherheitsgurte.
Auch spezielle Kindersitze oder Fahrradschutzhelme waren
gänzlich unbekannt.
Selbst eine Promillegrenze wie wir sie heute kennen, gab
es in dieser Form noch nicht.
Diese ganzen lebensrettenden Sicherheitsvorkehrungen
und gesetzlichen Bestimmungen wurden erst einige Jahre
später eingeführt und sind aus dem heutigen
Strassenverkehr nicht mehr wegzudenken.
Doch damals war das alles noch kein Thema.
Deshalb ging ich am darauffolgenden Tag auch wieder wie
gewohnt in den Kindergarten, als wäre nichts geschehen.
Alles andere wäre auch völlig sinnlos gewesen, denn die
mannigfaltigsten Gefahren lauerten schliesslich überall...

1976...Einführung der Gurtpflicht in Deutschland

1973...Einführung der Promillegrenze von 0,8

zuvor lag sie bei 1,5 (!)

1976...Helmpflicht für Motorradfahrer

1983...Erste Tempo 30 Zone

1992...Airbag serienmässig in PKW

3

«Milch macht müde Männer munter»

Die Bundesstrasse drei verlief kerzengerade mitten durch
Frohen Hausen hindurch.
Sie verband unseren kleinen Ort mit dem Rest der Welt,
durchtrennte diesen aber auch in zwei separate Hälften.
So wurde der Teil westlich davon als Unterdorf bezeichnet,
während der östliche Teil das sogenannte Oberdorf
darstellte.
Genaugenommen war also zu dieser Zeit nicht nur ganz
Deutschland in Ost und West gespalten, sondern auch
unsere Kleinstadt hier im Süden der Bundesrepublik.
Doch im Unterschied zur damals noch real vor sich
hinvegetierenden DDR bestand die Mauer hier, nur in den
Köpfen einiger Leute und war ansonsten unsichtbar.
Zudem gab es hier im Osten die mit Abstand meisten
Geschäfte, Banken und Restaurants, während der Westen
ziemlich verschlafen und unterprivilegiert vor sich
hindümpelte.
Im Oberdorf residierten nämlich nur die Reichen und
Schönen oder zumindest diejenigen, welche sich
dafürhielten, während im Unterdorf die sogenannten
einfachen Leute wohnten.
Dort gab es lediglich einen Bäcker, einen Metzger und

einen kleinen Lebensmittelladen für die Güter des täglichen Bedarfs.

Als waschechtes ungewaschenes Unterdorfkind fand ich diesen Umstand jedoch gar nicht weiter schlimm.

Wenn ich nämlich mit meiner Mama einkaufen ging, bekam ich in der Metzgerei von der freundlichen Verkäuferin jedes Mal ein Stück leckere Wurst in die Hand gedrückt.

Beim Bäcker nebenan gabs immer ein Stück knusprige Brezel dazu.

Zudem gab es dort die besten Zimtschnecken und Nussecken weit und breit.

Die waren immer frisch und wurden noch von Hand gemacht und schmeckten einfach sagenhaft.

Heutzutage muss zunächst einmal die Frage geklärt werden, welche Zusatzstoffe die Wurst enthält und ob sie auch wirklich unter ökologisch nachhaltigen und einwandfreien Bedingungen hergestellt wurde.

Beim Bäcker kommt bestimmt die Frage auf, ob die Brezel auch garantiert, Vegan, Gluten-, und Lactosefrei ist.

Doch eine Lebensmittelzusatzkennzeichnungsverordnung kannte man zu dieser Zeit noch nicht und Lebensmittelunverträglichkeiten waren noch gar nicht erfunden.

So futterten wir einfach bedenkenlos alles weg, was uns gerade vorgesetzt wurde.

Sogar dieses glibberige Stärkungsmittel aus der Tube mit dem furchteinflössenden Namen «Multisanostol».

Das grüngelbe Gel leuchtete sogar im Dunkeln und erinnert mich im Nachhinein wohl eher an ein Rindermastmittel als an ein Tonikum.

Dafür enthielt es aber garantiert die Vitamine BASF.

Unsere Mutter verabreichte uns das Zeug gleich

esslöffelweise, damit wir alle einmal gross und stark werden. Bei mir schien es jedenfalls zu wirken, war ich doch schon bald sehr stark. Nur mit dem gross werden wollte es nicht so recht klappen, war ich doch lange Zeit leider viel zu klein für mein Gewicht.

Dabei hatten wir solche Nahrungsergänzungsmittel im Grunde genommen gar nicht nötig, denn Mama kochte jeden Tag frisch für uns zu Mittag. Meistens gab es viel gesundes Gemüse aus dem eigenen Garten aber hin und wieder auch mal Dampfnudeln, Milchreis oder Pudding. Vor allem letzteres ass ich für mein Leben gern und so ungesund wie immer alle behaupteten, konnte das Zeug nicht sein, kam es doch schliesslich von einem gewissen Dr. Oetker.

Um Geld zu sparen, kaufte Mama kein Obst und Gemüse im Laden ein, sondern zog neben uns vier Kindern auch noch reichlich Grünzeug im heimischen Garten gross. Zuhause gab es immer frisches Gemüse der Saison in Form von grünen Bohnen, Erbsen und Karotten, Radieschen, Rosenkohl und rote Bete, Tomaten, die noch wie Tomaten schmeckten, Kopfsalat, Gurken und was der Garten sonst noch alles hergab.

Das Obst bekamen wir meistens von Nachbarn oder Verwandten geschenkt oder es wurde rege hin und her getauscht. Nur die Kartoffeln bekamen wir gleich Säcke weise von einem Bauern direkt nach Hause geliefert. Diese Erdäpfel wurden dann im Keller in einem eigens dafür vorgesehenen Holzgestell das ganze Jahr über gelagert. Der dunkle und muffige Keller jagte mir eine ziemliche Angst ein und ich machte mir jedes Mal fast in die Hosen, wenn ich Zum Kartoffeln oder Kohlen holen dort runter geschickt wurde. Ich pfiff und sang dann immer

ganz laut vor mich hin, um mir selbst Mut zu machen.
Das Licht im Keller hing nämlich an einer Zeitschaltuhr und
so konnte es passieren, dass man dort unten nach
wenigen Minuten plötzlich komplett im Dunkeln stand.
Entlang der Eisenbahnlinie, nicht weit von unserem
Wohnblock entfernt, hatten wir zusätzlich noch einen
kleinen Schrebergarten gepachtet. Häufig musste ich
Mama dorthin begleiten, was ich aber meistens ziemlich
öde und langweilig fand.
Ausser wenn Onkel Max in seiner Gartenlaube sass. Dann
hockte ich mich zu ihm hin und er erzählte mir spannende
Geschichten von einer fremden Stadt in Russland mit
Namen Stalingrad oder so ähnlich. Er trank dabei Bier und
rauchte dicke Stumpen und ab und zu wischte er sich
sogar ein paar Tränen aus den Augen.
Ich habe zwar nicht viel von dem begriffen, was er mir
erzählte, doch wenn ich ihn dann fragte, warum er denn
weinen würde, meinte er nur das käme vom Rauch.
Dann drückte er mich fest an sich, strich mir mit seinen
rauen Händen liebevoll über den Kopf und nannte mich
nur sein kleines «Stumperle».
Hin und wieder gab er mir auch heimlich einen Schluck aus
seiner Bierflasche zu trinken, aber die bittere braune
Brause schmeckte mir überhaupt nicht.
Ich konnte mir beim besten Willen nicht erklären, was die
Erwachsenen, denn alle so besonders an dieser bitteren
Brühe fanden, tranken sie doch immer und überall bei
jeder sich bietenden Gelegenheit davon, und zwar in rauen
Mengen.
Ansonsten vertrieb ich mir die Zeit im Schrebergarten mit
Insekten beobachten, Regenwürmern fangen und
Eidechsen jagen.

Ende Mai krabbelten dann plötzlich Unmengen von Maikäfern aus dem Boden und verdunkelten in riesigen Schwärmen den Himmel. Diese tumben braunen Brummer schwirrten mit lautem Getöse umher und knallten einem buchstäblich mitten ins Gesicht, waren ansonsten aber völlig harmlos.

Irgendwann gab es dann plötzlich keine Maikäfer mehr. Dafür sah das Obst und Gemüse jetzt immer schön und nahezu perfekt und makellos aus. Das kam glaube ich von dem vielen weissen Zeug, dass die Bauern jetzt auf ihren Feldern versprühten.

Zum Glück jedoch nicht in unserem eigenen Garten direkt neben dem Haus. Dort stand nämlich ein grosser alter Zwetschgenbaum, der mit seiner Krone bis hinauf zu uns in den zweiten Stock emporreichte.

Dieser Baum stand da schon solange ich denken konnte und gehörte irgendwie mit zur Familie. Das ganze Jahr über kletterten wir Kinder darauf herum und wenn im Sommer dann die Zwetschgen reif waren, backte meine Mama riesige Bleche voll mit leckerem Zwetschgenkuchen. Die übrig gebliebenen Zwetschgen assen wir dann immer hinterher und stellten bei dieser Gelegenheit fest, dass sich praktisch in jeder einzelnen ein Wurm versteckte. Mahlzeit. Mama war den lieben langen Tag nur damit beschäftigt, Obst und Gemüse aus dem eigenen Garten klein zu schnippeln und in grossen Einmachgläsern einzukochen. Manchmal halfen wir ihr auch dabei und entsteinten das Obst mit einer Maschine oder pulten von Hand die Erbsen aus der Schale.

Statt fertig gekaufter Limonade, gab es bei uns selbst gemachten Himbeersirup und aufs Brot kamen ausschliesslich Marmelade und Gelee aus heimischer

Produktion.

Den herrlich süssen Duft beim Marmelade einkochen werde ich nie vergessen.

Weggeworfen wurde praktisch nichts und der neudeutsche Begriff «Food Waste» war noch ein absolutes Fremdwort. Wenn etwas übrigblieb, wurde es anderntags auf irgendeine Art und Weise wiederverwertet.

Aus altem, trocknem Brot machte Mama einen leckeren Auflauf und an gegammeltes Obst wurde zu Kompott verarbeitet.

Nur hin und wieder brachte sie etwas ganz Besonderes aus dem Lebensmittelladen mit. Es handelte sich dabei um eine schokoladenbraune Pampe mit dem merkwürdig klingenden Namen «Nutella».

Wir vier Geschwister stritten uns immer darum doch da wir uns diese sündhaft teure Nuss-Nougat-Creme ohnehin nur ein bis zwei Mal pro Jahr leisten konnten, behalfen wir uns stattdessen mit Kakaopulver, welches wir einfach aufs Butterbrot streuten. Das schmeckte zwar nicht annähernd so gut wie die braune Schmiere aus dem Glas, war aber immer noch besser als gar nichts.

Wie alle Hausfrauen dieser Zeit trug auch Mama immer eine dieser floral gemusterten Kittelschürzen.

Diese ärmellosen und meist knielangen Kasacks waren die Standarduniform der bundesdeutschen Hausfrau.

Nur an den Sonn-, und Feiertagen sah man sie nach getaner Hausarbeit in ziviler Kleidung herumlaufen.

Wenn es für Mama mal nichts zum Kochen, Putzen, oder Waschen gab, gönnte sie sich eine kleine Auszeit und blätterte gedankenverloren in einer Frauenzeitschrift.

Von diesen bunten Heftchen hatten wir nämlich eine ganze Menge abonniert, weil Mama nur selten nein sagen konnte, wenn es mal wieder an der Wohnungstür klingelte und ihr ein vermeintlich mittelloser Student ein Zeitschriftenabonnement aufschwatzte.

Die vielen bunten Heftchen hatten so lustig klingende Namen wie: «Das goldene Blatt» oder «Echo der Frau» «Neue Post» oder «Wochenend».

Letzteres gefiel vor allem Papa wegen der vielen nackten Frauen drin und selbstverständlich gehörte auch die «Hörzu» mit dazu. Schliesslich musste man bei den drei verfügbaren Fernsehprogrammen den vollen Überblick behalten, um ja keine Sendung zu verpassen!

Da war eine Fernsehzeitschrift unerlässlich.

Für mich, als kleinem Milchbubi, war es hingegen das Grösste, die Milch aus dem Milchhäuschen im Oberdorf abzuholen.

Zusammen mit meiner grossen Schwester Bärbel machte ich mich regelmässig zu Fuss und Händchen haltend auf den Weg dorthin.

Nur mit einer Milchkanne bewaffnet und etwas Kleingeld in der Hosentasche mussten wir dafür die stark befahrene und sehr gefährliche Bundesstrasse drei überqueren.

Es existierte zwar damals schon eine sichere Fussgängerunterführung unter der B3 hindurch, doch die benutzte niemand gerne, weil es dort unten immer stockdunkel war und zudem auch noch penetrant nach Pisse und Scheisse stank.

Der kleine Tunnel wurde nämlich offensichtlich von einigen Leuten als öffentliche Toilette missbraucht.

Um diesen übelriechenden Pfützen und Tretminen auszuweichen, nahmen wir daher lieber den weitaus gefährlicheren Weg über die Fahrbahn in Kauf.

Bei diesen waghalsigen Exkursionen begegneten wir dann

häufig einem kleinwüchsigen Mann, der dort stundenlang am Strassenrand mit seiner Bierflasche neben sich in der Hocke kauerte und dem vorbeibrausenden Verkehr zusah. Der «Reiser Karle» war ein stadtbekanntes Original und aus dem öffentlichen Leben in Frohen Hausen nicht wegzudenken. Er war immer und überall anzutreffen, wo gerade irgendetwas los war und stets vorne mit dabei. Deshalb wusste er auch immer die neuesten Neuigkeiten und erzählte diese auch bereitwillig jedem der seinen Weg kreuzte. Somit fungierte er als inoffizielles Gemeindeblatt. Dieser kleine, gedrungene Kerl, übte mit seinen knapp ein Meter zwanzig Körpergrösse und seinen Klumpfüssen eine unheimliche Faszination auf mich aus, wirkte er doch wie ein Zwerg aus einer anderen Welt und obwohl er offiziell zu den Erwachsenen zählte, konnte ich mich mit ihm buchstäblich auf Augenhöhe unterhalten.

Vor allem im Winter, wenn die Tage kürzer waren und es deshalb früher dunkel wurde, empfand ich diese Milchhäuschen Touren als riesengrosses und spannendes Abenteuer. Unterwegs gab es immer irgendetwas zu entdecken und zu erleben.

Im Milchhäuschen selbst, roch es nach rahmig frischer Milch, die sich in einem riesigen runden Bottich aus Edelstahl befand und von einem mechanischen Arm ständig hin und her bewegt wurde.

Dort bekamen wir unsere mitgebrachte Kanne von einer freundlichen Frau mit herrlich duftender Milch befüllt, bezahlten ein paar Pfennige, und machten uns dann wieder auf den Heimweg.

Unterwegs konnten wir der Versuchung nicht widerstehen und tranken immer wieder abwechselnd von der frischen Milch, bis die Kanne schliesslich nur noch bis zur Hälfte gefüllt war.

Auweia, wenn das Mama merkte, würde es mächtig Ärger geben. Deshalb füllten wir die Milchkanne heimlich mit Wasser auf und hofften, dass unser Mundraub nicht auffliegen würde. Mutter wunderte sich dann zwar immer, dass die Milch so dünn aussah, schöpfte aber offensichtlich keinen Verdacht.

Sie selbst trank nämlich keine, seit sie als Kind immer die Haut von der abgestandenen Milch mitessen musste und das so fürchterlich eklig fand.

Papa dagegen frühstückte sein Leben lang jeden Morgen eine Tasse warme Milch mit trockenen Brotwürfeln drin. Vielleicht auch deshalb, weil es in der Werbung immer hiess:

«Milch macht müde Männer munter».

Ansonsten habe ich ihn nämlich meistens nur Bier trinken sehen.

Bald darauf nahm dann der kleine Lebensmittelladen von Kunzmanns bei uns im Unterdorf die erste Milchzapfanlage in Betrieb und so fanden unsere abenteuerlichen Milchhäuschen Touren ein jähes Ende.

Irgendwann wurde dann die Milch nur noch in Flaschen bzw. Tetra Pack Tüten verkauft.

Doch wenn ich mich heute daran zurückerinnere und meine Augen schliesse, habe ich noch immer den rahmigen Duft von frischer Milch in der Nase.

In Kunzmanns Vivo Laden bekam man alles, was man so zum Leben brauchte. Dieser war Montag bis Freitag jeweils von halb acht bis halb eins und dann wieder von halb drei bis halb sieben geöffnet. Wie bei den meisten Geschäften war über die Mittagszeit geschlossen. Mittwochnachmittag und am Wochenende war ebenfalls zu.

Es gab auch keine Tankstellenshops oder Schnellrestaurants. Trotzdem ist meines Wissens niemand verhungert. Man musste sich halt einfach an den gesetzlichen Ladenöffnungszeiten orientieren und seinen Konsumwunsch dementsprechend planen.

Seinen Einkauf liess man sich in Zeitungspapier einwickeln oder brachte die Verpackung am besten gleich selbst von zuhause mit. Die ach so trendigen unverpackt Läden in bundesdeutschen Grossstädten sind somit ein alter Hut aber prinzipiell eine gute Sache.

Die gigantischen Müllberge aus Plastik und Einwegverpackungsmaterial wie wir sie heute kennen waren damals noch kein Thema. Mülltrennung, Umweltschutz und Recycling allerdings auch nicht.

Man warf den ganzen Abfall einfach zusammen in eine Mülltonne, die dann ein Mal pro Woche von der Müllabfuhr geleert wurde. Deren Inhalt wurde auf riesige Halden mitten in die Landschaft gekippt oder in alten Kiesgruben verlocht und stank buchstäblich bis zum Himmel.

So mancher künstlich aufgeschüttete und nachhaltig begrünte Hügel zeugt auch heute noch vom einstmals sorglosen Umgang mit dem ganzen Müll.

Die bunte Vielfalt verschiedenfarbiger Sammeltonnen blieb uns somit «leider» verwehrt. Ich kann mich noch gut an jenen Tag erinnern, als eine regional ansässige Schokoladenfabrik Tonnen von unverkäuflicher Bruchschokolade auf der nahen Müllkippe entsorgte.

Die Nachricht verbreitete sich wie ein Lauffeuer und schon bald war das halbe Unterdorf unterwegs, um sich die weggeworfene Ware unter den Nagel zu reissen.

Manch einer kam mit einem prall gefüllten Kofferraum

voller Schokolade und Pralinen nach Hause.

Zwei Mal jährlich war Sperrmüll. Dann stellten die Leute einfach alles, was sie nicht mehr brauchen konnten, auf die Strasse hinaus und die Müllabfuhr holte den ganzen Plunder ab.

Für uns Kinder war das jedes Mal ein Riesenfest.

Wir zogen schon am Abend vorher los und durchwühlten die riesigen Abfallberge nach allem, was sich noch halbwegs verwerten liess. In den Hinterlassenschaften der modernen Wegwerfgesellschaft fanden wir oft die spannendsten und interessantesten Dinge.

Wir mussten allerdings immer höllisch aufpassen, dass uns die professionellen Trödelhändler nicht die besten Stücke vor der Nase wegschnappten. Das Tollste am Sperrmüll war aber stundenlang hinter dem Müllwagen herzulaufen und sich daran zu ergötzen, wenn ganze Waschmaschinen, Schrankwände oder Ehebetten vom gierigen Schlund der Müllpresse zermalmt wurden und mit lautem Getöse krachend und knirschend zerbarsten.

Ein moderner Recyclinghof ist dagegen stinklangweilig. Extrem spannend fand ich auch die vielen fahrenden Händler, die regelmässig bei uns zuhause an der Wohnungstür klingelten und die verschiedensten Waren feilboten. Da gab es zum Beispiel den Brezelmann, der immer einen riesigen Weidenkorb voll leckerer Knabbereien mit sich herumtrug und Salzstangen, Chips und Cracker direkt von Tür zu Tür verkaufte. Genauso wie die Nudelfrau mit ihren Teigwaren und Saucen aller Art. Der örtliche Getränkehändler fuhr einmal die Woche mit seinem Sprudellaster im Schritttempo die Strasse entlang und verkaufte Bier, Limonade und Fruchtsaft direkt von der Ladepritsche herunter von Haus zu Haus.

Leergutrücknahme und lockere Sprüche inklusive:
«Guten Tag meine lieben Kinder, im Schwarzwald ist noch
Winter, auf den Vogesen liegt noch Schnee und mir tun die
Füsse so weh!" Das dieser scheinbar so lustige und
Permanent Sprüche klopfende Mann, nebenbei auch noch
Parteiversammlungen der NPD abhielt und zuhause seine
Frau und seine Kinder drangsalierte, sah man ihm beim
besten Willen nicht an. Mit seinem grauen Arbeitskittel und
dem schwarzen Lederhut auf dem Kopf sah er so harmlos
und bieder aus, wie Hausmeister Krause aus der
gleichnamigen Fernsehserie.
Die Eierfrau kam auch jede Woche vorbei und fand immer
noch Zeit für ein kleines Schwätzchen mit Mama in der
Küche. Der Vertreter einer grossen bekannten
Versicherung kassierte die Prämien für Hausrat und
Haftpflicht noch persönlich bei uns ein und hatte auch
immer einen lockeren Spruch auf den Lippen:
«Es ist dunkel – die Jungfrau kichert - hoffentlich Allianz
versichert!»
Auch der ein oder andere Staubsaugervertreter machte
uns gelegentlich seine Aufwartung und demonstrierte die
Saugkraft des neuesten Produkts an der heimischen
Auslegware. Der sogenannte «Lumpensammler» spukt mir
heute noch im Kopf herum, wenn er mit seiner grossen
Glocke bimmelte und dann mit seinem melodiösen
Sprechgesang loslegte:
"Ajijoo, Lumpen, altes Eisen, Papier"
Bimmel…Bimmel… Bimmel.
Die Zeugen Jehovas gab es damals auch schon, und
liessen sich genauso schwer wieder abwimmeln wie heute.
Im Sommer bimmelte dann Giovanni, der italienische
Eisverkäufer aus seinem knallroten VW-Bully heraus und

verkaufte das beste Gelati aller Zeiten.

Selbst die Bäckersfrau aus dem Oberdorf, versuchte jeden Samstagnachmittag noch ein Geschäft zu machen, indem sie wild hupend durch die Strassen fuhr und aus dem Kofferraum Ihres Opel Kadett heraus die übrig gebliebenen Backwaren vom Vortag zum halben Preis verkaufte.

Unser Amazon hiess Otto, Quelle oder Neckermann und kam in Form von fünf Kilogramm schweren und Zentimeterdicken Versandhaus Katalogen daher.

Die dicken schweren Schwarten wurden im Frühjahr und Herbst an jeden deutschen Haushalt verschickt und bereits sehnsüchtig erwartet. Nicht selten waren sie neben der Bibel das einzige Buch im Haus. Die bunten Kataloge der grossen Versandhäuser lösten diese aber zusehends ab und wurden weitaus häufiger zur Hand genommen und mindestens genauso andächtig durchgeblättert wie das Buch der Bücher. In diesen Konsum Bibeln gab es nahezu alles zu kaufen, was das Herz begehrte. Mann, Frau oder Kind suchte sich einfach etwas aus, trug die dazugehörige Bestellnummer von Hand in eine Bestellkarte ein und schickte diese dann per Post zurück ans Versandhaus. Wer besonders fortschrittlich war und schon einen Telefonanschluss besass, konnte die Bestellnummer für das Objekt seiner Begierde auch via Festnetztelefon einem «Fräulein» direkt in den Hörer diktieren. Die Dame am anderen Ende der Leitung nahm die Bestellung noch persönlich entgegen.

Den Versandhauspäckchen wurde dann voller Ungeduld entgegengefiebert und nicht immer erfüllte deren Inhalt die in sie gesteckten hohen Erwartungen. Daran hat sich bis heute, auch im Zeitalter des weltweiten Onlinehandels, nicht viel geändert.

Wer solch herben Enttäuschungen von vorneherein entgehen wollte, musste seine Kauflust schon anderweitig befriedigen und sich persönlich in eines der riesigen Warenhäuser begeben. Diese mehrstöckigen Konsumtempel gab es praktisch in jeder grösseren Stadt. Bei Hertie, Horten oder Kaufhof konnte man dann vor Ort nahezu alles kaufen, was der Mensch zum Leben brauchte oder meinte, brauchen zu müssen: Bekleidung, Möbel, Haushaltsartikel, Elektrogeräte, Kosmetik und Körperpflegeprodukte und natürlich Spielzeug für Kinder. Am Eingang blies einem von oben ein frischer Wind entgegen, bevor man dann von den Düften der Parfümerieabteilung im Erdgeschoss erschlagen wurde. Danach konnte man sich dann Etage für Etage nach oben durcharbeiten und brav nach Geschlechtern getrennt seinen Konsumbedürfnissen frönen. In der Damenabteilung gab es dezente Dessous, Seidenstrümpfe und elegante Abendkleider. Bei den Herren fand man Socken, Feinrippunterwäsche und grosskarierte Oberhemden. In der Spielzeugabteilung gab es alles, was ein Kinderherz höherschlagen liess, doch leider war vieles davon unerschwinglich für uns. Wir trösteten uns damit die vielen Rolltreppen im Kaufhaus hoch und runterzufahren bis wir die Orientierung verloren und unsere Mutter mal wieder nach uns suchen musste.

«Der kleine Horst kann in der Miederwarenabteilung abgeholt werden, der kleine Horst bitte»

Nebst den grossen Warenhäusern herrschte eine bunte Vielfalt an verschiedenen Fachgeschäften, wo man sich je nach Bedarf und Konsumwunsch fachmännisch beraten lassen konnte. Hier war der Kunde noch König. Oftmals waren diese Geschäfte schon seit Generationen in

Familienbesitz und wurden dann an die nachfolgende Generation weitervererbt. Die eintönige Tristesse heutiger Innenstädte mit ihren immergleichen Läden von ein und derselben Kette gab es zum Glück noch nicht.

Die aufkommenden Supermärkte wie Aldi, Lidl und Co, machten auch dem kleinen Lebensmittelladen von Kunzmanns allmählich das Leben schwer, doch noch konnten sie dem Preisdruck der grossen Ketten standhalten.

Für Herrn Hummel wurde es auch zusehends schwerer seine Waren an den Mann oder bevorzugt die Frau zu bringen. Herr Hummel war ein charmant und eloquent auftretender Handelsvertreter, der in seinem Musterkoffer praktisch alles mit sich führte, was es sonst nirgendwo zu kaufen gab. In seinem eleganten Anzug und mit seinem galanten Auftreten schaffte er es immer wieder die Dame des Hauses, um den kleinen Finger zu wickeln und sie so Dinge kaufen zu lassen, die sie eigentlich gar nicht benötigte oder sich überhaupt nicht leisten konnte.

Auch Mama ging ihm regelmässig auf den Leim und kaufte zum Beispiel überteuerten Schmuck, den sie sowieso niemals tragen würde. Doch sie genoss sichtlich die Aufmerksamkeit dieses gutaussehenden Mannes und liess sich von ihm gerne verführen. Wenn auch nur zum Kauf von ein paar billigen Ohrringen.

Mein Onkel Helmut war da aus einem anderen Holz geschnitzt und glich dem damals amtierenden Bundeskanzler Willy Brandt bis aufs schüttere Haar.

Er hatte nach dem Krieg eine Metzgerlehre gemacht und arbeitete zu dieser Zeit in einem der ersten grossen Supermärkte in der Frischfleischabteilung. Nebenbei verdiente er sich mit privaten Hausschlachtungen noch ein paar Mark dazu. Jeden Herbst kam er zu den Sauters, die im Block nebenan wohnten. Diese hielten im Schuppen ein Schwein, welches das ganze Jahr über gemästet und dann im Herbst geschlachtet wurde. Wir Unterdorfkinder liessen uns dieses schaurige Spektakel nicht entgehen und waren bei der Schlachtung von Anfang an dabei.

Zuerst wurde dem armen Schwein ein Seil um den Hinterlauf gebunden. Dann wurde buchstäblich die Sau rausgelassen und laut quiekend über den Hof in die Waschküche getrieben. Dort setzte ihr mein Onkel einen Bolzenschussapparat an die Stirn und drückte ab.

Nach dem Knall fiel die Sau wie vom Blitz getroffen zur Seite um und zuckte noch ein paarmal vor sich hin. Erst als sie sich nicht mehr rührte, stach er ihr mit einem riesigen Messer in den Hals hinein. Das noch warme und dampfende Blut, quoll jetzt nur so aus der klaffenden Wunde am Hals heraus und wurde nun mithilfe grosser Eimer und Kübel aufgefangen. Der metallische Geschmack von frischem Blut hing in der Luft und legte sich schwer auf die Zunge. Anschliessend wurde das tote Schwein in einem grossen Bottich mit kochend heissem Wasser abgewaschen und die Borsten mit stählernen Bürsten weggeschrubbt. Die Zartrosa Haut des armen Schweins glänzte jetzt sprichwörtlich wie eine Speckschwarte. Onkel Helmut hatte riesige Hände mit Fingern wie Bratwürsten, die anscheinend völlig immun gegen das kochend heisse Wasser zu sein schienen. Jetzt wurde die tote Sau an den Hinterläufen aufgehängt und mittels einer Seilwinde nach oben gezogen, bis sie Kopfüber von der Decke baumelte. Das restliche Blut, welches ihr dabei noch aus dem Hals und der Steckdosenschnauze tropfte, malte lauter rote Kringel auf den Betonfussboden.

Nun schlitzte ihr der Metzger mit einem riesigen Schlachtermesser den Bauch auf. Die Eingeweide quollen wie von selbst heraus und wurden nun fachmännisch entnommen und in einen eigens dafür bereitstehenden Bottich geworfen. Danach wurde das Schwein mit einer Axt in der Mitte in zwei Hälften durchgehackt. Die beiden Schweinehälften pendelten nun wie ein perpetuum mobile abwechselnd auf und ab und klatschten dabei immer wieder gegeneinander.

Der amtlich bestellte Fleischbeschauer kam vorbei und warf sein prüfendes Auge auf die tote Sau. Nachdem dieser seinen Segen in Form eines Prüfstempels auf die Hinterbacken gegeben hatte, fuhr mein Onkel mit der Schlachtung fort.

Das nachfolgende Ausbeinen und Filetieren fanden wir Kinder dann weit weniger spannend. Interessant wurde es erst wieder, als Onkel Helmut die Schweinedärme zur Hand nahm, um die darin befindlichen Fäkalien wie die Luft aus einem Fahrradschlauch herauszudrücken.

Der Gestank war unerträglich und liess uns fluchtartig das Weite suchen. Nur einige hartgesottene hielten stand und sich dabei die Nase zu. Die Erwachsenen versuchten ein ums andere Mal uns Kinder mit den abgetrennten Körperteilen der armen Sau zu erschrecken. So hielten sie uns zum Beispiel den abgeschnittenen Ringelschwanz oder die ausgestochenen Augen der armen Sau unter die Nase. Doch unsere kindliche Neugierde war grösser als die Angst. Was jetzt noch von dem armen Schwein übriggeblieben war, wurde durch den Fleischwolf gedreht, kräftig gewürzt, und zu einer zähen Masse verrührt. Diese Masse wurde jetzt mit einer Maschine in die sauber gewaschenen Schweinedärme gepresst und zu Wurst verarbeitet. Nach getaner Arbeit gab es ein grosses Schlachtfest, bei dem Siedfleisch aus dem Kessel, sowie frische Blut-, und Leberwürste serviert wurden.

Nein, liebe Leserinnen und Leser, ich bin deshalb nicht zum Vegetarier geworden. Ich bin mir aber sehr wohl darüber im Klaren, dass die Steaks und Würstchen nicht in Plastikfolie eingeschweisst auf den Bäumen wachsen, sondern das dafür eine atmende und lebende Kreatur sterben musste.

Im Gegensatz zu vielen anderen weiss ich nämlich, wo das Fleisch und die Würstchen herkommen. Ich kann aber auch jeden verstehen, der lieber auf den Verzehr von tierischen Produkten verzichten möchte und respektiere das sehr. Mein Fleisch kommt direkt vom Bauernhof und nicht aus der Tiefkühltruhe beim Lebensmitteldiscounter. Die Tiere haben dort ein schönes und artgerechtes Leben mit viel Auslauf und saftigen Weiden. Doch an dessen Ende steht der Tod und der Mensch nun einmal bekanntlich am Ende der Nahrungskette. Seit meiner Kindheit weiss ich jedenfalls, dass Metzger ein echter Knochenjob ist! Als ich viele Jahre später, während meiner Ausbildung zum examinierten Krankenpfleger, zum ersten Mal bei der Obduktion eines Menschen zusah, erinnerte mich das dortige Geschehen sehr stark an die Hausschlachtungen meiner Kindheit. Es heisst nicht umsonst, dass ein Schwein anatomisch betrachtet, dem Menschen sehr ähnlich sein soll. Ich kenne auch Menschen, die einem Schwein sehr ähnlich sind, vor allem in Bezug auf Verhalten und Charakter. Ein Schwein würde jedenfalls nie auf die Idee kommen, menschliche Innereien anstelle von Scheisse in Därme zu pressen und diese dann als Wurst zu verkaufen.

Aber was solls? Hauptsache es schmeckt!

Alles in allem war die Versorgungslage im Unterdorf also gar nicht mal so schlecht und vielleicht sogar noch etwas komfortabler als heute. Auf jeden Fall war sie wesentlich persönlicher und unterhaltsamer und wer, ausser den Zeugen Jehovas, macht denn heutzutage schon noch Hausbesuche?

Selbst die Staubsaugervertreter sind wie weggeblasen. Wir assen Möhrenköpfe und Zigeunerschnitzel und hatten garantiert kein schlechtes Gewissen dabei.

Nur zum Schuhe kaufen mussten wir immer ins Oberdorf laufen. Im Schuhhaus Neumeyer gab es einen speziellen Röntgen Apparat, mit dem man überprüfen konnte, ob die neuen Schuhe auch wirklich optimal sitzen. Dazu musste man sich auf ein Podest stellen und seine Füsse unten in einen Holzkasten hineinstecken. Zwei seitliche Haltegriffe ermöglichten einen sicheren Stand und für uns Kinder gab es sogar einen passenden Sockelaufsatz dazu. Wenn man dann durch die Sehschlitze von diesem sogenannten «Schucoskop» schaute, konnte man seine gespenstisch schimmernden Fussknochen sehen. Ich fand das in höchstem Masse faszinierend und konnte gar nicht genug davon bekommen. Über die Strahlenbelastung und deren Gefahren für Leib und Leben machte man sich zu dieser Zeit noch nicht allzu viele Gedanken und lustig wars trotzdem.

4

«Haare schneiden tut nicht weh»

… lautete in den Siebzigerjahren das Werbe Credo der Friseurmeistergilde. Angesichts der damals angesagten Mode, mit ihren langen Koteletten und den vielen, nennen wir es mal naturbelassenen Hippie Frisuren, machte diese Werbekampagne durchaus Sinn. Lange Haare waren «In» und das nicht nur auf dem Kopf oder im Gesicht.
Weltweit war «Hair» das erfolgreichste Musical und eine ganze Generation identifizierte sich über die Länge ihrer Haare auf dem Kopf was vor allem bei Männern immer wieder zu kontroversen Diskussionen führte.
Kein normaler Mensch wäre zu dieser Zeit auf die haarige Idee gekommen, sich die Beine, die Brusthaare, die Achselhöhlen, oder gar die intimsten Zonen seines Körpers glatt zu rasieren oder gar mit heissem Wachs wegzuwachsen.
Ganz im Gegenteil, gab es doch sogar für die komplett von der Natur benachteiligten Brusthaartoupets zu kaufen.
Da ich zu diesem Zeitpunkt noch keine Haare an Körperstellen hatte, wo nie die Sonne scheint, musste ich mir diesbezüglich auch noch keine Gedanken darüber machen.
Dauerwellen und Lockenwickler waren der letzte Schrei

und selbst meine Mutter drehte sich die bunten Plastikdinger ins Haar, um sich das Geld für den teuren Friseurbesuch zu sparen.

Wenn sie sich dann aber doch einmal alle paar Monate eine neue Dauerwelle leistete, versuchte sie das kostbare Endergebnis so lange wie möglich zu konservieren.

Zu diesem Zweck wurde die frisch ondulierte Dauerwelle mit einer durchsichtigen Plastikhaube vor Regen, Wind und Wetter geschützt, was nebenbei bemerkt nicht sonderlich vorteilhaft aussah.

Da jedoch fast alle dauergewellten Damen zu dieser drastischen Schutzmassnahme griffen war der Anblick dieser Schutzhauben im öffentlichen Strassenbild nichts Ungewöhnliches.

Hier bekam der Begriff: «Unter die Haube bringen» eine gänzlich neue Bedeutung.

Meine Friseurbesuche fand ich hingegen immer grosse Klasse. Schliesslich wurde ich dort in einen riesigen Sessel gesetzt, der dann mithilfe eines hydraulischen Fusspedals ganz nach oben gepumpt wurde.

Aus dieser Vogelperspektive sah die Welt dann plötzlich ganz anders aus. In so einem Ding fühlte ich mich augenblicklich wie Captain Kirk auf der Brücke von Raumschiff Enterprise.

«Faszinierend» würde Mr. Spock wohl mit hochgezogener Augenbraue sagen.

Mein damals noch dichtes Haupthaar bekam ich immer von einem gewissen Herrn Thaler geschnitten. Der schien mit seinem akkuraten Seitenscheitel und dem gestutzten Schnauzbart irgendwie aus der Zeit gefallen zu sein.

Jedenfalls glich er eher dem kleinen Bruder von Adolf Hitler als einem hippen Herrenfriseur.

Doch ganz im Gegensatz zu diesem, war Herr Thaler ein freundlicher und liebenswerter Mensch der ständig versuchte mich zum Lachen zu bringen.

Er trug immer einen dieser Friseurkittel aus 100% Synthetik. Allein schon dieses elektrostatisch aufgeladene und bei jeder Bewegung seines Trägers knisternde Kleidungsstück, liess mir die Haare wie von selbst Zu Berge stehen.

Das tat die elektrische und wohlig im Nacken surrende Haarschneidemaschine übrigens auch.

Das puterrot gesprenkelte Gesicht von Herrn Thaler wurde zusätzlich noch von einer fleischigen Knollennase gekrönt.

Ein solche Visage wurde hier bei uns im Süden landläufig als „Markgräfler Gesichtsrose" betitelt.

Darunter verstand man in der Regel ein dem häufigen Alkoholkonsum geschuldetes, speckig, glänzendes Konterfei.

Wie dem auch sei. Herr Thaler machte jedenfalls einen äusserst fahrigen und nervösen Eindruck. Seine Hände zitterten während er mir die Haare schnitt und meiner Schwester Bärbel warf er einen Kussmund nach dem anderen zu.

Mich betitelte er unentwegt als „braves Bubele, braves Bubele" wobei er mir jedes Mal mit seinen zittrigen Figaro Händen fürsorglich über den Schädel strich.

Merkwürdig fand ich auch die Tatsache, dass er seine Arbeit ständig unterbrach, um hinter einer Tür zu verschwinden, aus der er dann nur wenige Augenblicke später wieder hervortrat.

Danach roch er immer so komisch und auch seine Schnittführung wurde von Mal zu Mal ungenauer.

Als wir dann einige Zeit später nach Hause kamen, schlug

meine Mutter entsetzt die Hände über dem Kopf zusammen: „Um Himmels willen! Kind, wie siehst Du denn aus?!" rief sie erschrocken.

In der Tat hatte ich eine Frisur, als wäre ich gegen eine Wand gelaufen. Auf meinem Kopf war alles krumm und schief und völlig schräg.

Daraufhin schleppte sie mich wutentbrannt erneut zum Friseursalon, um sich zu beschweren, was ansonsten so gar nicht ihre Art war.

Jetzt versuchte sogar der Chef Figaro persönlich das angerichtete Desaster von Herrn Thaler zu reparieren. Allerdings nur mit mässigem Erfolg.

Tags darauf hatte ich einen Fototermin im Kindergarten und somit ist dieses Haarschnittdebakel sogar bildlich dokumentiert.

Erst Jahre später erfuhr ich dann, dass der arme Kerl von seiner bösen Gattin in den Keller seines eigenen Hauses verbannt worden war, während sie sich in den oberen Stockwerken mit ihrem neuen Liebhaber vergnügte.

Das lieferte wohl auch die Erklärung für sein merkwürdiges Verhalten und das regelmässige Verschwinden hinter der mysteriösen Tür. Hinter dieser genehmigte er sich offenbar jedes Mal einen kräftigen Schluck aus dem mitgeführten Flachmann.

Das half allerdings weder Herrn Thalers Eheproblemen noch meinen permanent missratenen Frisuren weiter.

Jedenfalls fühlte sich von da an meine Schwester Bärbel bemüssigt, ihrem kleinen Bruder, also mir, regelmässig die Haare zu schneiden. So musste ich also fortan als Versuchskaninchen für ihre avantgardistischen Haarschnitte herhalten, was die Sache selbst und mein Erscheinungsbild auch nicht unbedingt besser machte.

Später dann als pubertierender Teenager war ich unsterblich in meine bildschöne Friseuse Melanie verliebt. Mit ihren langen dunklen Locken und ihren grossen Kulleraugen glich sie einem Engel. Jede ihrer Berührungen jagte mir wohlige Schauer über den Rücken. Nächtelang lag ich wach und stellte mir in Gedanken vor, wie es wohl wäre sie ebenfalls zu berühren.

Doch natürlich war ich viel zu schüchtern, um sie anzusprechen und behielt stattdessen meine Hände schön brav und artig unter dem Frisörumhang verborgen.

Bald darauf mutierte ich dann auch zum Hippie und liess mir die Haare wachsen. Somit hatte sich dieses Problem von selbst erledigt.

Mittlerweile muss ich mir keine Gedanken mehr über irgendwelche Frisuren machen. Dank dem genetischen Erbe meiner Väter trage ich inzwischen eine Glatze.

Seither mache ich es mir nur noch selbst und lege regelmässig Hand an mich, um mir den Schädel zu rasieren.

Einen Frisörsalon habe ich jedenfalls seit Jahren nicht mehr von innen gesehen.

Doch eines würde mich trotzdem interessieren:

Was wohl aus Melanie geworden ist?

5

«Mutti, Mutti, er hat überhaupt nicht gebohrt!»

Im Gegensatz zum Frisörbesuch hasste ich den Gang zum
Zahnarzt wie die Pest. Das lag aber nicht nur an meiner
panischen Angst vor dem Bohrer, sondern vielmehr auch
an meiner unbarmherzigen und gnadenlosen Zahnärztin,
Frau Dr. Wels. Diese hatte in etwa das Feingefühl einer
Kettensäge und kannte keine Gnade mit ihren Patienten.
Zu dieser Zeit lief gerade ein Werbespot für eine bekannte
Zahnpasta Marke im Fernsehen in dem ein kleiner Junge
freudestrahlend aus einer Zahnarztpraxis gelaufen kommt
und mit den Worten:
«Mutti, Mutti, er hat überhaupt nicht gebohrt!» direkt in
Mamis ausgestreckte Arme läuft. Der Hersteller wollte
damit suggerieren, durch die Verwendung seines Produkts
dem verhassten Zahnarztbohrer entkommen zu können.
Nur allzu gerne hätte ich diesen Worten Glauben
geschenkt.
Allein schon der penetrante Geruch, der einem beim
Betreten der Praxisräume entgegenschlug, verursachte bei
mir ein flaues Gefühl in der Magengegend. Es gibt nichts
auf der Welt, was vergleichbar so riecht wie eine
Zahnarztpraxis. Meiner Meinung nach handelt es sich
dabei um eine Mischung aus Angstschweiss und

Desinfektionsmitteln. Dieses zweifelhafte Odeur ist jedenfalls kein Vergleich zum angenehm-betörenden Duft eines Frisörsalons. Mal ganz abgesehen von diesem grässlichen und buchstäblich haarsträubenden Geräusch eines Zahnarztbohrers.

Dann sitzt man da, seinem Schicksal hilflos ausgeliefert, mit schweissnassen Händen auf dem elektrischen Stuhl, die fürchterlichsten Folterinstrumente direkt vor sich und zum Greifen nah auf einem silbernen Tablett liegend. Anschliessend wird man kopfüber aufs Kreuz gelegt, so dass einem augenblicklich das Blut in den Schädel schiesst und ehe man sich versieht, hat man einen fingerdicken Schlauch im Schlund, der sich, einem Blutegel gleich, überall festsaugt.

Zu meiner eigenen Schande muss ich allerdings gestehen, dass es mit meiner Mundhygiene damals nicht zum Besten stand. Das lag zunächst einmal am Schlichten nicht vorhanden sein einer dafür geeigneten Nasszelle, denn in Ermangelung eines Badezimmers musste ich mir meine Zähne, wie alle anderen Familienmitglieder auch, am Spülbecken in der Küche putzen. Dabei hätten mir meine Eltern Durchaus als abschreckendes Beispiel dienen können, trugen sie doch beide schon seit vielen Jahren ein künstliches Gebiss.

Wir Kinder machten uns jedes Mal vor lauter Lachen fast in die Hosen, wenn sie ihre Zahnprothesen nur so zum Spass herausnahmen, um extra für uns ein paar groteske Grimassen zu schneiden.

Die Schuld an meiner mangelhaften Mundhygiene lag aber nicht nur am Fehlen eines dafür geeigneten Badezimmers, sondern auch an zwei putzigen kleinen Kerlchen mit Namen Karius und Baktus. Die beiden wohnten nämlich in der Mundhöhle eines Menschen und bauten sich dort aus dessen ungepflegten Zähnen mithilfe von Presslufthammer und Pickel lauter lustige kleine Häuser mit Fenstern und Balkonen. Das glaubte ich zumindest, nachdem sie uns Kindern diesen aufwändig animierten Puppentrickfilm in der Grundschule gezeigt hatten, um uns so die Notwendigkeit einer regelmässigen Zahnreinigung anschaulich vor Augen zu führen. Die beiden Männchen lebten dort glücklich und zufrieden bis eines Tages ein riesiger Zahnarztbohrer in ihr kleines, beschauliches Reich eindrang und alles zerstörte, was sie sich so mühsam aufgebaut hatten. Anschliessend wurden sie von einer monströsen Zahnbürste hinweggeputzt und über den Abfluss ins Meer gespült. Am Ende sah man sie traurig und verloren auf dem Ozean treiben und einer ungewissen Zukunft entgegensteuern.

Bei mir hatte dieser Film das genaue Gegenteil dessen bewirkt, wofür er eigentlich gedacht gewesen war.

Ich wollte die beiden Männchen in meinem Mund unter keinen Umständen verlieren und dem gleichen Schicksal ausliefern und nahm es daher mit der Pflege meiner Milchzähne nicht immer so genau.

Da halfen auch die vielen gutgemeinten Aufklärungsversuche meiner Schwester nicht weiter, indem sie mir zur Abschreckung die Bilder von Menschen mit völlig verfaulten Zähnen zeigte.

Dummerweise kam aber in regelmässigen Abständen ein Zahnarzt des staatlichen Gesundheitsamtes zu uns in die Schule und kontrollierte jeden einzelnen von uns die Kauleiste auf Karies und Parodontose. Als Belohnung fürs Zähne zeigen, gab es für jeden in der Klasse ein Zahnputzglas, inklusive Zahnbürste und einer Tube

Zahnpasta. Wer Pech beziehungsweise Löcher in den
Zähnen hatte, bekam einen giftgrünen Zettel in die Hand
gedrückt und musste sich dann innerhalb von drei Wochen
seine desolaten Beisserchen vom Dentisten seines
Vertrauens richten lassen.

Ich heulte Rotz und Wasser, wenn ich wieder mit so einem
giftgrünen Zettel nach Hause geschickt wurde, denn ich
wusste schon was mich erwartete.

Frau Dr. Wels war für mich der personifizierte Inbegriff des
Bösen. Mit ihren langen, knochigen Fingern und ihrer
klapperdürren Gestalt, erinnerte sie mich immer an eine
Hexe.

Wenn sie sich dann mit ihrer Flügelbrille auf der
Nasenspitze über mich beugte und mir mit irgendwelchen
Folterinstrumenten im Mund herumstocherte, klammerte
ich mich verzweifelt am Behandlungsstuhl fest und schrie
wie am Spiess.

Doch statt behutsam auf mich einzugehen, brüllte sie mich
nur an:

«Was soll das Theater? Stell dich nicht so an! Mach
gefälligst den Schnabel auf! Du sollst den Schnabel
aufmachen!"

Dann drückte sie mir brutal den Kiefer auseinander und
rammte mir rücksichtslos den Bohrer in den Rachen.

Der blanke Horror! Da konnte mich selbst das billige
Spielzeugauto aus Plastik nicht mehr trösten, welches ich
mir hinterher aus einer Wühlkiste aussuchen durfte.

Als ich wieder einmal mit verheulten Augen und triefender
Nase aus dem Behandlungszimmer kam, traf ich im
Wartezimmer auf eine meine Patentanten:

«Hast Du da drin so geschrien?»
fragte sie mich vorwurfsvoll.

„Ja" nickte ich kleinlaut mit gesenktem Kopf.

„Na, wenn Du dich so dumm anstellst, gibt's dieses Jahr aber nichts zu Weihnachten!»

entgegnete sie mir kaltschnäuzig.

Daraufhin begann ich erneut zu plärren.

Die Tante schien aus dem gleichen harten Holz geschnitzt zu sein wie die unbarmherzige Zahnärztin.

Mit dicker Backe und verheulten Augen verliess ich völlig frustriert die Zahnarztpraxis.

Zum Glück musste ich wenigstens keine Zahnspange tragen. Wer nämlich so ein Drahtgestell im Gesicht hatte, wurde seines Lebens nicht mehr froh und war dem Hohn und Spott der anderen Kinder gnadenlos ausgeliefert.

Heutzutage ist es eher umgekehrt. Wer keine trägt, ist absolut uncool. Verkehrte Welt.

Frau Dr. Wels lebte damals nicht weit von uns aber doch Lichtjahre entfernt, mit ihrem Gatten in einer herrschaftlichen Villa.

Sie war immer elegant gekleidet und fuhr einen todschicken Mercedes SL.

Nach aussen herrschte Friede, Freude, Eierkuchen.

Dabei war es im ganzen Ort hinlänglich bekannt, dass ihr Ehemann auch gerne mal in fremden Löchern bohrte und das nicht nur in seiner Eigenschaft als Architekt und Bauunternehmer.

Wahrscheinlich reagierte sie so ihre Wut und ihren Frust darüber an ihren hilflosen Patienten ab.

Als das irgendwann auch nichts mehr half, suchte sie Trost und Vergessen in Alkohol und Tabletten.

Eines Nachts zog man sie sturzbetrunken und nur spärlich bekleidet aus dem eiskalten Sulzbach.

Später sah man sie dann nur noch im Nachthemd und

völlig benebelt, wie ein Gespenst, durch den Ort taumeln. Schliesslich endete sie als lebender Beweis dafür, dass Geld allein auch nicht glücklich macht, als gänzlich abgehalftertes Wrack im Dauerdelirium.

Meine Zahnarztphobie habe ich inzwischen überwunden. Es hat mich allerdings Jahre und einiges an Geld gekostet, bis ich mich endlich ohne Angst einer Behandlung unterziehen konnte. Ich kaue auch nicht auf den Felgen, sondern besitze immer noch meine eigenen Zähne und inzwischen gehe ich sogar gerne und regelmässig zum Zahnarzt.

6

«Kinderlähmung ist grausam - Schluckimpfung ist süss»

Ganz allgemein ging man früher mit der eigenen
Gesundheit sehr viel sorgloser um als heute.
So wurde praktisch immer und überall hemmungslos
gesoffen und geraucht bis sich die Balken bogen.
Der heutzutage vielerorts zelebrierte Fitness Lifestyle war
noch gänzlich unbekannt. Zudem wurde viel und deftig
gegessen und sportliche Betätigung war nur etwas für den
Turnverein. Keinem Normalbürger wäre es nach getaner
Arbeit in den Sinn gekommen noch eine Runde joggen zu
gehen oder im Fitnessstudio ein paar Hanteln zu stemmen.
Der Begriff joggen existierte zum Beispiel noch gar nicht
und Muckibuden wie sie heute an fast jeder Ecke stehen
gab es nur in den grossen Städten. Bodybuilder wie
Arnold Schwarzenegger wurden als Exoten belächelt.
Die Deutschen waren ein Volk von Couch Potatoes.
Daran konnten auch die gut gemeinten «Trimm Dich»
Aktionen des Deutschen Sportbundes mit ihrem putzigen
Trickfilmmaskottchen nichts ändern.
Daher bedurfte es staatlicher Zwangsmassnahmen, um die
Leute überhaupt für das Thema Gesundheit zu
sensibilisieren.
Damals wurde praktisch alles und jeder durchleuchtet.

So kann ich mich noch gut an die vom staatlichen Gesundheitsamt verordneten und regelmässig durchgeführten Reihenröntgenuntersuchungen erinnern, zu denen ich meine Eltern immer begleiten musste.

Man bekam von Amtswegen ein schriftliches Aufgebot in Form eines blauen Briefes nach Hause geschickt und dann hatte sich die halbe Stadt, ohne Wenn und Aber zur Massendurchleuchtung in der Turn-, und Festhalle einzufinden. Dort musste sich dann jeder, vom Schulkind bis zum Erwachsenen, streng nach Geschlechtern getrennt versteht sich, mit nacktem Oberkörper vor ein mobiles Röntgengerät stellen und sich den Brustkorb durchleuchten lassen.

So wollte man möglichen Tuberkulose Erkrankungen auf die Schliche kommen.

Diese Reihenröntgenuntersuchungen waren noch bis ins Jahr 1983 Pflicht.

Ich wage nicht mir vorzustellen, welche hitzigen und hochemotionalen Debatten eine solche Zwangsdurchleuchtung heutzutage hervorrufen würde.

Impfungen liefen nach dem gleichen Muster ab.

Die aktuell so leidenschaftlich geführten Diskussionen über den Sinn oder Unsinn irgendwelcher Impfmassnahmen wären damals ebenfalls undenkbar gewesen.

Sich gegen alle bis dahin bekannte Infektionskrankheiten impfen zu lassen war erste Bürgerpflicht und wurde prinzipiell nicht in Frage gestellt.

Zum allgemeinen Konsens trugen sicherlich auch abschreckende Werbespots im Fernsehen bei.

Dabei wurden einem abends nach der Tagesschau, also zur besten Sendezeit, fröhlich spielende Kinder präsentiert die direkt in die Kamera hinein erzählten, was sie denn einmal werden wollten, wenn sie gross sind.

Dann fror das Bild unvermittelt ein und plötzlich mutierten die zuvor gezeigten Kinder zu halb gelähmten Monstern mit grässlich verzerrten Fratzen.

«Was wäre, wenn?»

sprach eine männliche Stimme aus dem Off und stand als offene Frage im Raum.

«Kinderlähmung ist grausam - Schluckimpfung ist süss» lautete das Credo solcher medialer Motivationsspritzen.

Zum Impfen wurden wir Kinder wie Dominosteine hintereinander aufgereiht und warteten dann mit nacktem Oberkörper, bis wir an der Reihe waren.

Dann gab es buchstäblich Zuckerbrot und Peitsche. Zuerst bekamen wir nämlich ein harmlos aussehendes Stück Würfelzucker mit dem Polio Impfstoff in den Mund gedrückt und anschliessend jagte uns ein finster dreinblickender Arzt die Tetanusspritze wie einen Dartpfeil in den Oberarm hinein. Aua!

Die Spritze war noch aus Glas und wurde anschliessend sterilisiert und weiterverwendet, genauso wie die Nadel. Der düster dreinblickende Doktor vom Gesundheitsamt hatte nur noch einen Arm und erinnerte mich an die Serie «Auf der Flucht», die zu dieser Zeit gerade im Fernsehen lief. Darin versuchte ein unschuldig zum Tode verurteilter Arzt mit Namen Dr. Richard Kimble, 120 Folgen lang den einarmigen Mörder seiner Frau zu finden. Und das noch in Schwarzweiss.

Nach dem Pik warteten am Ende der Schlange die Mütter auf ihren plärrenden Nachwuchs, um diesen in ihre tröstenden Arme zu schliessen.

Oder auch nicht. So mancher bekam stattdessen eine schallende Ohrfeige, zusammen mit der barschen

Aufforderung sich gefälligst nicht so dumm anzustellen.

Ich war jetzt zwar gegen Pocken, Polio, Diphterie und Tetanus geimpft, nahm dafür aber alles an Kinderkrankheiten mit, was ich kriegen konnte.

Masern, Mumps und Windpocken waren Standard und gehörten zum Kindsein einfach mit dazu.

Vor allem der sogenannte Ziegenpeter machte mir das Leben schwer.

Mit meinen dick geschwollenen Hamsterbäckchen konnte ich weder schlucken, geschweige denn richtig essen oder trinken.

Dafür sah ich mit meinem um die Backen gebundenen und oben auf dem Kopf zu zwei Hasenohren verknoteten Tuch aus wie Bugs Bunny.

Meines Erachtens wäre die Menschheit ohne Impfungen schon längst ausgestorben und nicht wenigen durch eine rechtzeitige Impfung sehr viel Leid erspart geblieben.

ICH habe noch Menschen mit Kinderlähmung kennengelernt.

Sie heutzutage auch?

Wohl kaum.

Nun fragen sie sich doch mal, woran das wohl liegt!

Dasselbe gilt für Tuberkulose, Diphterie und Tetanus.

Diese Krankheiten waren früher weit verbreitet und haben jedes Jahr zigtausende Menschen dahingerafft.

Was wir Kinder der sogenannten Baby Boomer Generation jedoch alle gemeinsam haben, ist eine sternförmige Narbe am Oberarm, die von der Pockenimpfung herrührt.

Die zählte noch bis in die Siebzigerjahre zum Standardrepertoire.

Pocken? Auch so eine Seuche, die dank der Impfung nahezu ausgerottet wurde.

In den letzten Jahren hat sich jedoch ein schleichender Paradigmenwechsel vollzogen.

Plötzlich werden Impfungen als etwas völlig Negatives dargestellt, dass es unter allen Umständen zu verhindern gilt.

Wenn ich dann in den Nachrichten höre, dass in New York City im Oktober 2023 die Kinderlähmung, also Polio, wieder auf dem Vormarsch ist, und dass nur wegen der nachlassenden Impfbereitschaft der Bevölkerung, frage ich mit allerdings ernsthaft, ob die Menschheit inzwischen komplett verblödet ist?!

Obwohl wir alle auf ein und derselben Kugel leben, befinden wir uns mitunter halt doch in völlig verschiedenen Welten.

Gegen die weit verbreitete Ignoranz hat leider noch niemand einen wirksamen Impfstoff erfunden.

Robert Koch und Louis Pasteur, die beiden legendären Pioniere der modernen Infektiologie, würden sich vermutlich verständnislos im Grabe herumdrehen, angesichts dieser hitzigen Debatten.

Letzten Endes muss jeder für sich selbst entscheiden ob er sich impfen lassen will oder lieber das Risiko eingeht sich und andere anzustecken.

Angesichts dieser Tatsache finde ich es umso erstaunlicher, dass die heutigen Mütter mit ihrem Nachwuchs wegen jeden Wehwehchens gleich zum Arzt rennen.

Wenn wir früher einmal krank wurden, wusste Mama immer einen Rat.

Irgendetwas fiel ihr immer ein, um uns zu trösten oder unser Leiden zu lindern.

Ein feuchter Umschlag mit essigsaurer Tonerde wirkte oft

wahre Wunder und war das Allheilmittel jener Zeit.

Wenn selbst das nichts half, versuchte sie es mit Pusten, Pudern oder Salben.

Oftmals genügte auch schon ein blosses in die Arme nehmen. Ein simples Pflaster war Balsam für die gepeinigte Seele und liess das noch so schlimmste Aua ganz schnell wieder vergessen.

Für alles andere gab es unseren Hausarzt Dr. med. A. Lüttke. Der sorgte schon allein mit seiner sonoren Stimme und seiner besonnenen Art für sofortige Besserung.

Dr. Lüttke war noch ein Arzt vom alten Schlag, der mit Mantel, Hut und Tasche bei Wind und Wetter Hausbesuche machte.

Beim Herumtoben stiess ich einmal mit einem Freund zusammen und blieb mit einer dicken Beule am Kopf und einer Gehirnerschütterung bewusstlos am Boden liegen.

Ich bekam lediglich einen feuchten Lappen auf die Stirn gedrückt und einige Tage Bettruhe verordnet.

Die verbrachte ich nebenbei bemerkt zuhause auf dem Sofa vor dem Fernseher.

Meines Wissens, habe ich dadurch keine bleibenden Schäden davongetragen.

Beim Entlausungsmittel bin ich mir dagegen nicht so sicher. Ich hatte mir nämlich beim Verstecken spielen in Sauters Schweinestall ein paar Kopfläuse eingefangen und musste mich deshalb in häusliche Quarantäne begeben.

Meine Kopfhaut juckte, wie verrückt und ich kratzte mir fast die Finger wund.

Mama musste mir mehrmals täglich mit einem speziellen Läusekamm die Haare auskämmen, um die lästigen Biester wieder loszuwerden. Anschliessend wusch sie mir den Kopf mit einem speziellen Shampoo aus der Apotheke dessen haarsträubenden Chemiegeruch ich noch heute in der Nase habe. Bald darauf war ich meine lästigen Untermieter zwar wieder los aber den fürchterlichen Gestank dieser Chemiekeule werde ich wohl nie vergessen. Vor der Einschulung musste ich mich, wie alle anderen Kinder auch, zur obligatorischen schulärztlichen Untersuchung in der Grundschule im Oberdorf einfinden. Nackt bis auf die Unterhosen, musste ich dort immer wieder vor einer Ärztin hin und herlaufen, bis diese schliesslich befand, dass ich Senkplattfüsse hätte und deshalb unbedingt Schuheinlagen tragen müsse.

Plötzlich und unerwartet griff mir die Frau Doktor in den Schritt und zog mir meine Vorhaut brüsk nach hinten. Leider vergass sie diese anschliessend wieder nach vorne zu ziehen und so habe ich eine ziemlich unangenehme und schmerzhafte Erinnerung an mein erstes Mal.

7

«Glückauf»

Wie die meisten Männer im Unterdorf arbeitete auch mein Vater als Bergmann im nahegelegenen Kali-, und Salzbergwerk.

Als sogenannter «Schiesshauer unter Tage» sprengte er dort in rund tausend Metern Tiefe, Tag und Nacht, riesige Löcher in den Salzstock hinein.

Schon mein Grossvater hatte im gleichen Bergwerk gearbeitet und wer weiss, ob ich nicht vielleicht auch eines Tages dort gelandet wäre.

Salz macht bekanntlich sehr durstig und so musste mein Vater immer ganz viel Bier trinken, um nicht zu verdursten.

So hat er es mir zumindest als kleinem Stöpsel mal erklärt.

Auch die anderen Männer im Salzbergwerk litten offenbar unter grossem Durst.

Deshalb tranken sie nach der Arbeit immer Unmengen von Bier in der nahen Bahnhofskneipe.

Diese düstere Spelunke lag praktischerweise auf dem Nachhauseweg vom Bergwerk und lud somit geradewegs zur feuchtfröhlichen Einkehr ein.

Hin und wieder brachte Papa auch ein paar seiner Kalikumpel mit zu uns nach Hause.

Mama musste dann immer Kaffee für alle kochen aber ich glaube, sie fand das nicht so doll, denn eines Tages warf sie die ganzen durstigen Männer eigenhändig und in hohem Bogen aus unserer Wohnung.

Danach kamen sie uns leider nie wieder besuchen, was ich persönlich sehr schade fand, ging es doch immer recht laut und lustig zu, wenn sie bei uns zuhause feierten.

Mit dem vielen Biertrinken hörte mein Vater trotzdem nicht auf und laut wurde es bei uns jetzt fast jeden Abend.

Dafür allerdings nur noch selten lustig.

Wir wohnten damals zu sechst auf 64 Quadratmetern in einer drei Zimmerwohnung, welche sich im ersten Stock einer alten Mietskaserne aus den1920er Jahren befand.

Es handelte sich dabei um das mittlere von drei sogenannten Kalihäusern, welche in Reih und Glied nebeneinanderstanden und nahezu identisch aussahen.

Die Häuser gehörten der Bergwerksgesellschaft und hatten zum Zeichen ihrer Zugehörigkeit zwei übereinander gekreuzte Hämmer an der Stirnseite über dem Eingang hängen.

Die Wohnungen wurden ausschliesslich an Bergarbeiter und deren Familien vermietet.

Die Miete betrug zwar nur achtundvierzig Deutsche Mark im Monat, dafür musste man allerdings auf ein Badezimmer genauso verzichten, wie auf eine Zentralheizung oder gar fliessend Warmwasser.

Zum besseren Verständnis: Das Einkommen meines Vaters lag zu dieser Zeit bei ca. 300-, DM im Monat und entsprach somit in etwa dem bundesdeutschen Durchschnitt.

Hinten zum Hof befand sich am Ende einer kleinen überdachten Laube, ein Plumpsklo, welches vor allem im Sommer fürchterlich zum Himmel stank und vor Fliegen nur so wimmelte.

Dafür war im Winter so manches Mal die Kacke

buchstäblich am Dampfen, weil sie auf dem Weg nach unten schlichtweg festgefroren war.

Das machte es wiederum notwendig, mit einem Eimer warmem Wasser nachzuspülen, welches zuvor erst noch auf dem Gasherd in der Küche erhitzt werden musste.

Die Fäkalien plumpsten einfach in den Abort hinein und flutschten dann den Gesetzen der Schwerkraft folgend und für alle anderen Hausbewohner deutlich hörbar, durch ein dickes Rohr einmal quer durchs ganze Haus nach unten.

Im Hof sammelten sie sich in einer Art Jauchegrube, die mehrmals pro Jahr von einem örtlichen Entsorgungsunternehmer leer gepumpt werden musste.

Dieser Mann machte buchstäblich aus Scheisse Geld.

Selbstverständlich liessen wir Kinder uns auch dieses stinkende Spektakel nicht entgehen.

Voller Neugier und mit zugehaltener Nase, standen wir jedes Mal daneben, um zuzuschauen, wenn er mit seinem dunkelblauen Pumptankwagen kam und die übelriechende braune Brühe abpumpte.

Diese wurde anschliessend irgendwo in die Landschaft gekippt oder im nahen Sulzbach «verwässert».

Im Winter wurde einzig und allein das Wohnzimmer geheizt.

Der kleine Ofen in der guten Stube war die einzige Wärmequelle und wurde mit selbst gehacktem Holz, Kohlen und Briketts befeuert.

Mit Ausnahme der Küche verfügten alle anderen Räume über keinerlei Heizmöglichkeiten und blieben daher immer unangenehm kühl und klamm.

Trotz dieser widrigen Umstände war jeden Samstag baden angesagt.

Zu diesem Zweck erhitzte unsere Mutter Unmengen von

Wasser in grossen Kochtöpfen auf dem Gasherd in der Küche.

Das Wasser hierfür sprudelte zu dieser Zeit noch Gratis aus der Leitung, während das Gas für den Herd aus einer Gasflasche kam, die regelmässig, wie bei einem Gasgrill, ausgetauscht werden musste.

Anschliessend holte sie einen kleinen Zinkblechzuber aus dem Keller und stellte diesen mitten in der Küche auf den Fussboden.

Danach wurden wir Kinder eines nach dem anderen darin gebadet.

Als jüngstes Familienmitglied war ich immer als letzter dran und musste dann im warmen Sud meiner Geschwister planschen.

Gestört hat mich das jedoch nie, ganz im Gegenteil, konnte ich doch so ungestört in der Wanne abtauchen und U-Boot Kapitän spielen.

Mein Penis musste dabei als Periskop herhalten und wurde immer wieder ein-, und ausgefahren.

Zum Schluss wusch mir Mama noch die Haare mit grünem Apfelshampoo und anstelle einer Fertigspülung gab es ein rohes Ei und Essig ins Haar.

Viel geholfen hat es offenbar nicht, wenn ich mir den Verlust meiner einstigen Haarpracht so betrachte.

Hinterher gab es dann immer Abendbrot in Form von Schinken, Käse und Aufschnitt.

Anschliessend durften wir uns im Fernsehen noch «Am laufenden Band» mit Rudi Carrell oder die «Peter Alexander Show» anschauen.

Samstagabend nach dem baden mit Mama unterm
Wohnzimmertisch beim Fernsehschauen…

Die Zähne putzten wir uns am Spülbecken in der Küche.
Diese war der zentrale Dreh-, und Angelpunkt der ganzen
Wohnung. Sie diente nicht nur der Nahrungszubereitung,
sondern fungierte gleichzeitig auch noch als Ess-, Bad-,
und Bügelzimmer.

Mein grosser Bruder hatte zwischenzeitlich die Lehre zum
Elektroinstallateur begonnen und montierte nun quasi in
Eigenregie einen elektrisch betriebenen Warmwasserboiler
über der Küchenspüle.

Endlich konnten wir nun auch den Luxus von fliessend
Warmwasser geniessen.

Als ich dann langsam zu gross für die kleine Wanne wurde,
wusch ich mich, wie alle anderen Familienmitglieder auch,
mit einer Waschschüssel, einem Waschlappen und einem
Stück Seife in der Küche.

Während dieser Körperreinigungsprozedur war die Küche
für alle anderen Tabu.

Nur Papa war fein raus, weil er nach der Schicht im
Bergwerk duschen durfte.

Da auch sonst niemand im Haus ein Badezimmer besass,
kam mir das zunächst nicht ungewöhnlich vor.

Erst als ich älter wurde, begriff ich allmählich wie arm und
rückständig wir lebten und begann mich dafür zu schämen.

Die ersten Jahre meines Lebens hatte ich kein eigenes
Bett, sondern schlief entweder in der Besucherritze im
Ehebett meiner Eltern oder teilte mir eine Matratze mit
einem meiner Geschwister.

So schlief ich immer wieder abwechselnd in verschiedenen
Betten, was ich aber nicht als unangenehm empfand.

Als meine beiden Schwestern grösser wurden und in die
frei gewordene Wohnung über uns zogen, bekam ich
endlich mein erstes eigenes Bett und teilte mir fortan ein

winzig kleines Zimmerchen mit meinem grossen Bruder.
Den bekam ich allerdings nur sehr selten zu Gesicht, weil
er die meiste Zeit unterwegs war und ich schon im Bett
lag, wenn er spätabends nach Hause kam.

Meistens rauchte er dann im Bett noch eine Zigarette und
malte zur Unterhaltung für seinen kleinen Bruder mit der
glühend roten Zigarettenspitze lustige Kringel in die
Dunkelheit.

Dennoch vermute ich mal, dass er es als pubertierender
Teenager nicht sonderlich prickelnd fand, sich ein zwölf
Quadratmeter grosses Zimmerchen mit seinem kleinen
Bruder zu teilen.

Im Sommer wurde der Zinkblechzuber dann hinters Haus
in den Hof gestellt und mit kaltem Wasser befüllt.

Sobald die Sonne das Wasser einigermassen erwärmt
hatte, badeten wir gemeinsam mit den anderen
Nachbarskindern darin.

Diese Hinterhof - Riviera war unser Ersatz für das fehlende
Freibad und obwohl wir arm wie die Kirchenmäuse waren
und uns nicht viel leisten konnten, schaffte es Mama immer
irgendwie, es uns Kindern an nichts fehlen zu lassen und
uns ein Gefühl von Nestwärme und Geborgenheit zu
vermitteln.

Direkt hinter den drei Kalihäusern erstreckte sich eine
grosse, wilde Wiese mit zahlreichen Bäumen, Büschen und
Sträuchern.

Dort trafen sich die ganzen Unterdorfkinder um nach der
Schule oder dem Kindergarten gemeinsam zu Spielen und
zu Toben.

Wir kletterten auf Bäume, spielten Cowboy und Indianer
oder gruben grosse Löcher in die Erde hinein.

Wir mussten nicht zuerst unsere Eltern um Erlaubnis

fragen, sondern alles geschah ganz spontan und ohne die Einmischung irgendwelcher Erwachsenen.

Man ging einfach nach draussen und traf dort immer irgendwelche Spielkameraden.

Es wimmelte nämlich nur so von kinderreichen Familien.

So hatten zum Beispiel die Kloses, die direkt unter uns wohnten, acht Kinder. Ein paar Häuser weiter, bei den Erfts, waren es sogar Elf!

Das waren aber schon eher die Ausnahmen.

Vier Kinder waren dagegen der übliche Durchschnitt und so fand sich garantiert immer jemand zum Spielen und Blödsinn machen.

Bei so vielen Kindern hatte auch immer irgendwer Geburtstag.

Zu diesen Kindergeburtstagen wurde man einfach mündlich oder mittels eines handgeschriebenen Zettels eingeladen.

Es war Ehrensache dieser Einladung zu folgen und ein kleines Geschenk mitzubringen.

Die Generalstabsmässig geplanten und schon Monate im Voraus komplett durchorganisierten Kindergeburtstage heutiger Prägung, inklusive Einladungsvideo, Programmheft, Speisekarte mit Lebensmittelzusatzkennzeichnungsverordnung, Geschenkewunschliste, Shuttle Service und rundum sorglos Paket waren uns völlig fremd.

Wir verbrachten einfach einen unbeschwerten Nachmittag mit unseren Freunden, assen Unmengen von Kuchen und Süssigkeiten, spielten verstecken oder Kochtopfschlagen und würfelten um eine Tafel Schokolade.

Wer dabei zuerst eine sechs würfelte musste sich eine Pudelmütze, einen Schal und ein paar Handschuhe überziehen, um dann mit Messer und Gabel zu versuchen eine dick in Zeitungspapier eingewickelte Tafel Schokolade aufzuschneiden. Währenddessen würfelten die anderen in der Runde hektisch weiter. Sobald jemand wieder eine sechs gewürfelt hatte, kam er oder sie an die Reihe. Mütze, Schal und Handschuhe wechselten den Besitzer.

So ging das immer weiter und letztlich bekam niemand etwas von der Schokolade ab.

Beim Kochtopfschlagen bekam man die Augen mit einem Tuch verbunden und musste sich dann auf allen vieren und nur mit einem hölzernen Kochlöffel bewaffnet auf die Suche nach einem irgendwo in der Wohnung versteckten umgedrehten Kochtopf begeben.

Unter diesem war in der Regel ein sagenhafter Schatz verborgen, den es zu heben galt.

Das machte riesigen Spass und die Zeit verging dabei wie im Flug.

Unsere Mütter hatten immer alle Hände voll zu tun und gar nicht die Zeit dafür, sich permanent um uns zu kümmern.

So waren wir den ganzen Tag über mehr oder weniger auf uns allein gestellt und oftmals wussten unsere Eltern überhaupt nicht, wo wir uns gerade herumtrieben.

Es gab noch keine Handys oder anderen Überwachungsschnickschnack und so war die einzige Regel, die wir befolgen mussten, bei Einbruch der Dunkelheit und pünktlich zum Abendessen wieder zuhause zu sein.

Wer diese Regel nicht befolgte bekam die Ohren langgezogen oder wurde mit Hausarrest bestraft.

Neben der ganzen mühevollen Hausarbeit mit kochen, putzen, waschen, bügeln, einkaufen, etc. versuchte unsere Mutter auch noch uns Rasselbande im Zaum zu halten.

Wenn wir es wieder einmal übertrieben, setzte es auch schon mal eine Tracht Prügel.

Dann bekamen wir entweder den Hintern mit der flachen Hand versohlt oder es gab eins mit dem Kochlöffel auf die Finger.

Gelegentlich kam aber auch der Teppichklopfer zum Einsatz.

Die Wahl der Waffen richtete sich nach dem aktuellen Grad der Wut oder einfach danach, was gerade griffbereit zur Verfügung stand.

Als ich eines Abends gerade mal wieder ausgelassen mit meiner Schwester Bärbel durchs Wohnzimmer tobte, gab es plötzlich einen dumpfen Schlag.

Das ganze Haus schien für einen kurzen Moment zu beben und in seinen Grundfesten zu erzittern.

Fuchsteufelswild stürmte Mama mit einem Kochlöffel in der Hand ins Wohnzimmer, um uns unserer vermeintlich gerechten Strafe zuzuführen.

Noch ehe sie zum Schlag ausholen konnte, klingelte es Sturm an der Wohnungstür.

Mitten in der Bewegung hielt sie inne, machte auf dem Absatz kehrt und öffnete, den Kochlöffel noch immer drohend in der Hand erhoben, die Wohnungstür.

Davor stand Frau Klose, die Nachbarin von unten.

Zunächst dachte ich sie wolle sich mal wieder beschweren, weil wir zu doll herumgetobt hätten und deshalb ihre Wohnzimmerlampe an der Decke hin und her schwingen würde.

Doch sie schien sichtlich besorgt zu sein und zitterte am ganzen Körper.

Völlig aufgelöst fragte sie meine Mutter:

«Frau Kurz, wo ist der Erwin?"

„Der liegt im Bett und schläft» gab meine Mutter arglos zur Antwort.

„Gottseidank!" sagte Frau Klose und schlug erleichtert die Hände vor der Brust zusammen.

«Warum denn? Was ist denn los?» wollte Mama jetzt auch ganz aufgeregt von ihr wissen.

„Im Kali muss etwas ganz Furchtbares passiert sein!" berichtete Frau Klose kreidebleich.

«Kali» war die überall gebräuchliche Kurzbezeichnung für das Kali-, und Salzbergwerk, in dem mein Vater normalerweise arbeitete.

Kaum hatte sie den Satz beendet, als plötzlich, wie zur Bestätigung, im ganzen Ort die Sirenen heulten.

Kurz darauf brach die Hölle los und ein nicht enden wollender Konvoi von Polizei-, Feuerwehr-, und Krankenwagen, raste mit Blaulicht und Tatütata an unserem Haus vorbei in Richtung Bergwerksgelände.

Voll banger Sorge um ihre Angehörigen, liefen die Menschen von überall her aus ihren Häusern und Wohnungen auf die Strasse hinaus und versammelten sich dort.

Wir Kinder hatten erst recht keine Ahnung was da vor sich ging und machten uns vor lauter Angst fast in die Hosen.

Von dem ganzen Lärm und Radau wach geworden, erhob sich mein Vater schlaftrunken aus dem Bett.

«Was ist denn hier los?» wollte er wissen.

«Im Kali muss was schlimmes passiert sein» plapperte ich Frau Klose nach.

«Und was genau?»

«Weiss nicht» gab ich Papa schulterzuckend zur Antwort.

Schliesslich schwang er sich auf sein Moped, um dieser Frage auf den Grund zu gehen.

Er raste in Richtung Kali, um dort vielleicht in Erfahrung zu bringen, was geschehen war.

In ein paar Stunden hätte er ohnehin zur Nachtschicht aufbrechen müssen.

In Windeseile verbreitete sich das Gerücht, dass es im Bergwerk unter Tage zu einer Explosion gekommen sei.

Es war von Toten und Verletzten die Rede.

Leider sollte sich dieses Gerücht bald darauf bitter bewahrheiten.

Offenbar war das unterirdische Sprengstoffdepot in die Luft geflogen.

Nur einem glücklichen Zufall war es zu verdanken, dass mein Vater nicht auch zu den Opfern zählte.

Er hatte nämlich seine Schicht mit einem anderen Kalikumpel kurzfristig getauscht.

Dieser zählte nun auch zu den Toten und mein Vater machte sich deshalb noch lange Zeit schwere Vorwürfe.

Nach diesem verheerenden Grubenunglück waren die Tage des Kali-, und Salzbergbaus in unserer Gegend gezählt.

Bald darauf war endgültig Schicht im Schacht und das Bergwerk wurde geschlossen.

Mit ihm ging eine ganze Ära zu Ende und Hunderte einst stolzer Kalikumpel verloren ihren Arbeitsplatz.

Mein Vater gehörte auch dazu.

Immerhin hatte er fast 25 Jahre seines Berufslebens dort unten verbracht.

Doch damit nicht genug.

Mit der Schliessung des Kali-, und Salzbergwerks wurden auch die Wohnhäuser an einen privaten Investor verkauft.

Kurz zuvor hatte uns die «Kali & Salz AG» noch einen Kanalisationsanschluss und damit endlich ein richtiges Klo mit Wasserspülung spendiert.

Das stinkende Plumpsklo war somit Geschichte.

So wurde letzten Endes auch noch der örtliche Entsorgungsunternehmer mit seiner «Fäkalienabfuhr» ein Opfer der Bergwerksschliessung.

Eines Tages stand plötzlich ein kleiner, fettleibiger Mann vor unserer Wohnungstür und erklärte meinen verdutzten Eltern, dass er nun der neue Hausbesitzer sei.

Er trug eine dicke Brille auf seiner Nase und wirkte trotz seines Anzugs sehr ungepflegt und schmutzig.

Auf seiner Stirn standen dicke Schweissperlen und seine wenigen Haare, standen wirr in alle Richtungen ab.

Sein Name passte jedenfalls, wie die berühmte Faust aufs Auge denn der kleine, dicke Mann stellte sich als Herr Feist vor.

Grossspurig verkündete er nun, was er alles in und am Haus verändern wollte.

Der schmierige kleine Mann hatte sein Vermögen unter anderem mit dem Verkauf von Briefmarken gemacht.

Für die jüngeren unter uns: Diese Dinger klebte man früher auf Briefe und Postkarten, um das Porto zu bezahlen.

Seltene Exemplare waren mitunter mehrere Millionen wert Jetzt versprach er uns eine Zentralheizung und ein richtiges Badezimmer.

Wörtlich sagte er:

«Wenn ihr das wollt, baue ich euch hier eine Badewanne aus Marmor mit goldenen Wasserhähnen ein, ihr müsst es halt nur bezahlen können!»

Er kicherte laut vor sich hin und in meiner kindlichen Naivität nahm ich seine Aussagen für bare Münze.

Im Geiste sah ich mich schon in einer pompösen Badewanne liegen und mein Sehrohr ein-, und ausfahren.

Weil ich auch einmal so reich wie Herr Feist werden wollte, fing ich nun an Briefmarken zu sammeln.

Eine ganze Zeitlang betrieb ich dieses Hobby sogar sehr intensiv, allerdings ohne den geringsten finanziellen Erfolg.

Immerhin konnte ich später damit Mädchen auf mein Zimmer locken, um ihnen mal meine Briefmarkensammlung zu zeigen.

Wie sich schon sehr bald herausstellte war Herr Feist ein windiger Turbo Kapitalist vom Allerfeinsten.

Es machte fast den Anschein, als würde er Monopoly spielen, denn er kaufte sich ein Haus nach dem anderen.

So wie andere Leute ihre Unterhosen auf dem Wühltisch bei Woolworth.

Auf seiner Einkaufsliste standen jedoch nur die billigen Häuser aus der «Badstrasse».

Für die «Schlossallee» schien es dann doch nicht ganz zu reichen.

Bald darauf rückten tatsächlich die ersten Bagger an und pflügten erst einmal die umliegenden Obst-, und Gemüsegärten zu einem seelenlosen Parkplatz um.

Auch unser geliebter Zwetschgenbaum musste dran glauben.

Die gemütlichen alten Sprossenfenster aus Holz wurden durch moderne aus Aluminium ersetzt und anstelle der hölzernen Fensterläden mit den lustigen Herzchen drin, traten neue Metalljalousien, die jedoch von Anfang an nur klemmten und nie richtig funktionierten.

Dann wurde noch rasch die Aussenfassade frisch verputzt und neu gestrichen.

Merkwürdigerweise aber nur nach vorne zur Strasse hin, wo es jeder sehen konnte.

Hinten zum Hof blieb alles beim Alten und praktisch

unverändert.

Damit waren die grossspurig angekündigten Modernisierungsmassnahmen bereits wieder beendet.

Es gab weder die versprochene Zentralheizung noch ein richtiges Badezimmer und schon gar keine Marmorwanne mit goldenen Wasserhähnen.

Dafür stieg jetzt die Monatsmiete um das dreieinhalbfache. Statt der bisherigen achtundvierzig Mark im Monat sollten meine Eltern jetzt plötzlich stolze Einhundertachtzig Deutsche Mark bezahlen.

Diese drastische Mietpreiserhöhung konnten oder wollten nicht alle mittragen und viele zogen daher weg.

So brach die über viele Jahre hinweg eng zusammengewachsene Hausgemeinschaft auseinander und fremde, neue Gesichter zogen ein.

Mama wäre auch gerne in eine bessere Wohnung umgezogen, doch Papa wollte die alte Wohnung partout nicht verlassen.

So blieben wir, wo wir waren, und arrangierten uns mit den neuen Verhältnissen.

Die einmalige Chance, den ganzen sechs Familienblock für 70.000 Mark der Bergwerksgesellschaft abzukaufen und dadurch selbst zum Hausbesitzer zu werden, haben meine Eltern leider nicht genutzt.

Wie so oft fehlte ihnen der Mut zum Risiko und das nötige Kleingeld dazu.

Die Bewohner vom Block nebenan taten sich dagegen zusammen und kauften das ganze Haus zu diesem relativen Schnäppchenpreis.

Meine Eltern lebten bis zu ihrem Ende weiterhin als Mieter in dieser Wohnung und mein Vater starb sogar später darin…

8

«Pack den Tiger in den Tank»

Ein Auto zu besitzen war Anfang der Siebzigerjahre noch lange nicht so selbstverständlich, wie das heutzutage der Fall ist.

Wir zum Beispiel hatten keins.

Genaugenommen waren meine Eltern noch nicht einmal im Besitz eines gültigen Führerscheins.

Das einzige motorisierte Fortbewegungsmittel in unserem Haushalt war lange Zeit Papas altes Moped.

Manchmal sassen wir sogar zu viert da drauf und fuhren so von A nach B.

Papa am Lenker und Mama als Sozius dahinter mit je einem Kind vorne und hinten.

Alle ohne Helm versteht sich.

Das war zwar damals schon verboten, hat aber niemanden so richtig interessiert.

Für die Ausflüge mit der ganzen Familie, musste dann aber immer Nachbarssohn Franz herhalten.

Der fuhr zu dieser Zeit einen Fiat 850 und fungierte freundlicherweise als Gelegenheitschauffeur bei Familienanlässen und Verwandtenbesuchen aller Art.

Im Sommer nahm er mich manchmal auch mit ins Freibad.

Einfach so, ganz ohne Hintergedanken.

Franz war noch Junggeselle und dementsprechend frei verfügbar.

Gegen ein kleines Spritgeld fuhr er uns praktisch überall hin.

Doch mit drei Erwachsenen und vier Kindern in einem engen kleinen Fiat eingepfercht zu sitzen, war wahrlich auch kein Vergnügen, aber immer noch besser, als mit Onkel Berger unterwegs zu sein.

Der hatte zwar einen etwas grösseren VW Käfer, sass dafür aber niemals nüchtern hinterm Lenkrad.

Ich weiss noch gut, wie wir einmal im dicksten Winter bei Eis und Schnee einen Ausflug in den Schwarzwald unternahmen.

Rechts und links von der Strasse ging es steil bergab.

Selbst mir, als kleinem Stöpsel, blieb es nicht verborgen, dass der Onkel am Steuer ziemlich merkwürdig fuhr.

Ich hockte mit meiner Schwester völlig ungesichert hinter dem Rücksitz in der Gepäckablage und rutschte in jeder Kurve hin und her.

Wir Kinder fanden das Super und hatten unseren Spass.

Angesichts der Schlangenlinien, die Onkel Berger fuhr, erschien es mir fast so, als zitterten die anderen Insassen um ihr Leben.

Vielleicht lag das aber auch nur an der bekanntermassen schlechten Heizung im VW Käfer.

Lustig fand ich es trotzdem und als kleines Kind kannte man die Gefahren von Alkohol am Steuer noch nicht so genau.

Nach der Schliessung des Kali-, und Salzbergwerks hatte mein Vater eine neue Stelle in einer Bonbonfabrik gefunden.

Er wechselte jetzt also nicht nur den Job, sondern auch

von der Salzgewinnung zur Zuckerverarbeitung.

Um an seinen neuen Arbeitsplatz zu gelangen, musste Papa jetzt auf seine alten Tage doch noch den Auto Führerschein machen.

Zu diesem Zeitpunkt war er bereits 45 Jahre alt und offenbar mit einem ziemlich dünnen Nervenkostüm ausgestattet.

Vor jeder Fahrstunde schwitzte er nämlich Blut und Wasser und musste vor lauter Aufregung ständig aufs Klo.

Schliesslich verschrieb ihm der Doktor sogar Beruhigungspillen damit er die Fahrstunden einigermassen durchstehen konnte.

Unter dem Einfluss dieser Pillen fuhr Papa dann wie eine eins und schaffte die Führerscheinprüfung sogar auf Anhieb!

Wir schrieben das Jahr 1973.

Die Erdölexportierenden Länder der OPEC hatten gerade beschlossen die Fördermenge für Rohöl drastisch zu drosseln, um den Westen damit für seine Waffenlieferungen an Israel zu bestrafen.

Diese Unterstützung des Westens, allen voran die USA, hatte Israel im sogenannten Jom Kippur Krieg gegen Syrien und Ägypten nämlich den Arsch gerettet.

(Auch daran hat sich bis heute nichts geändert.)

Mitten in der grössten Ölkrise seit dem Ende des zweiten Weltkrieges, kauften sich meine Eltern nun für 4000 Mark ihr erstes eigenes Auto, einen gebrauchten Opel Kadett B, Baujahr 1967 in Baby Blau.

Generell waren die Farben der Autos viel bunter und peppiger als das heutige Einheitsgrau.

Quasi über Nacht stiegen die Benzinpreise um über 70% und es kam zu erheblichen Engpässen an den Zapfsäulen.

Als Reaktion darauf verhängte die damalige Bundesregierung unter Bundeskanzler Willy Brandt ein allgemeines Sonntagsfahrverbot und so nutzten viele Menschen die einmalige Gelegenheit, um auf Deutschlands leergefegten Autobahnen spazieren zu gehen.

Nichtsdestotrotz fuhr Papa jetzt jeden Sonntagmorgen mit uns zum Tanken an die Tankstelle.

Dort wurde man noch von einem richtigen echten Tankwart in Latzhosen bedient.

Dieser hielt den Rüssel in den Tankstutzen und füllte die gewünschte Menge an Super, Diesel oder Normalbenzin in den Tank.

Nebenbei kontrollierte er auf Wunsch noch den Motorölstand, putzte die Windschutzscheibe und überprüfte den Luftdruck in den Reifen.

Für diesen Service bekam er in der Regel ein kleines Trinkgeld in die Hand gedrückt.

Im direkten Vergleich zu heute, war Benzin trotz der Krise immer noch billig und kostete etwa 69,- Pfennige pro Liter, was in heutigem Geld etwa 35,- Eurocent entspricht.

Dafür soffen und rauchten aber nicht nur die Männer, was das Zeug hielt, sondern auch die Autos jener Zeit.

Saubere und sparsame Verbrennungsmotoren mit Katalysator waren noch kein Thema und Bleifreies Benzin und Biosprit noch nirgendwo erhältlich.

Die Elektromobilität war noch im Experimentierstadium.

Nach dem Tank Stopp fuhr Papa dann mit uns Kindern schnurstracks zum sonntäglichen Frühschoppen in die ehemalige Bergwergs Kantine.

Für die jüngeren unter uns: Frühschoppen ist kein morgendliches Einkaufserlebnis, sondern ein willkommener Anlass, um sich schon früh am Morgen ein paar Bierchen hinter die Binde zu giessen 😊

Die alte Bergwerks Kantine war mittlerweile zu einer Kneipe umfunktioniert worden und diente als Treffpunkt für die ehemaligen Kalikumpel.

Hier waren sie unter sich und konnten über vergangene Zeiten plaudern und diesen bei Bier, Schnaps und Wein mit feuchten und glasigen Augen hinterhertrauern.

Anfangs riss sich mein Vater noch ordentlich am Riemen und trank als unerfahrener Fahranfänger deutlich weniger Alkohol als sonst.

Es dauerte allerdings nicht lange, bis er dieselben Allüren an den Tag legte wie Onkel Berger und immer mit reichlich Sprit im Tank durch die Gegend fuhr.

Innerhalb kürzester Zeit hatte er die kantige Karosserie des Kadetts ringsherum abgerundet, weil er im Suff ständig irgendwo dagegen fuhr.

Nicht selten landete er sogar im Strassengraben und musste sich dann von einem Bauern mit dem Traktor buchstäblich den Karren aus dem Dreck ziehen lassen.

Es grenzt an ein Wunder, dass er all die Jahre nie von der Polizei erwischt wurde und seinen Führerschein abgeben musste.

Zum Glück ist meines Wissens auch nie jemand zu Schaden gekommen.

Eines Tages fand ich meinen Papa bewusstlos hinter dem Steuer sitzend auf dem Parkplatz neben dem Haus.

Ich weiss bis heute nicht, wie zum Geier er es in diesem volltrunkenen Zustand bis dorthin geschafft hatte.

Vergeblich versuchte ich ihn wachzurütteln.

Doch er gab nur unverständliche Laute von sich und schlief dann weiter seinen Rausch im Auto aus.

Manchmal schlief er auch einfach auf der Toilette ein und

blockierte diese dann stundenlang.

Wir mussten unsere Notdurft dann bei den Nachbarn verrichten.

Doch eines muss ich meinem alten Herrn wirklich lassen: Egal wie spät und stockbesoffen er auch nach Hause kam, jeden Morgen stand er pünktlich wieder auf, tunkte seine trockenen Brotwürfel in warme Milch und ging danach zur Arbeit, als wäre nichts gewesen.

Niemals machte er blau oder blieb wegen seinem Suff zuhause.

Meine Mutter regte sich immer masslos über die Masslosigkeiten ihres Gatten auf und immer häufiger gab es jetzt Streit.

Ein Wort gab das andere und endete dann schliesslich in lautstarken Auseinandersetzungen.

Mit der Zeit gewöhnten wir Kinder uns jedoch daran.

Wenn es wieder einmal eskalierte und besonders schlimm zuging, verkroch ich mich unter meiner Bettdecke und hielt mir so lange die Ohren zu, bis der Streit vorüber war.

Nach und nach entwickelte ich dann eine Methode, um mich selbst zu beruhigen, indem ich mich im Bett so lange hin und her wälzte, bis ich endlich einschlief.

Noch heute kann ich es jedoch kaum ertragen, wenn sich Menschen laut anbrüllen oder anschreien.

Dabei hatten wir noch Glück, denn im Gegensatz zu vielen anderen mir damals bekannten Familien, deren Väter ebenfalls ständig volltrunken nach Hause kamen, wurden wir nicht auch noch windelweich geprügelt.

Mein Vater hat meine Mutter nie geschlagen.

Das war durchaus nicht selbstverständlich, sondern in vielen Familien eher die Regel.

Häusliche Gewalt war vielerorts an der Tagesordnung und

wurde oft als gottgegeben hingenommen.

Pawel Kowalski zum Beispiel, ein oberschlesischer Kriegsflüchtling und alter Kalikumpel von Papa.

Der wohnte mit seiner Familie im Block nebenan.

Nach aussen hin ein liebenswerter freundlicher Mann, verteilte er zuhause den lieben langen Tag eine Backpfeife nach der anderen.

Sein armer Sohn Roman war so manches Mal grün und blau geschlagen.

Grossartig gestört hat das jedoch niemanden, herrschte doch allgemein die Meinung vor, dass eine gelegentliche Tracht Prügel, noch keinem geschadet hätte.

Vielleicht lag das aber auch nur am schlechten Einfluss der vielen Bud Spencer und Terence Hill Filme?

Die waren zu jener Zeit nämlich ungemein populär und lockten Millionen Menschen in die Kinos.

Einer meiner ersten Kinofilme war auch ein Streifen mit den beiden Rabauken.

«Zwei ausser Rand und Band» kam 1977 in die Kinos und war ein Riesenerfolg.

Dort gab es schliesslich auch ständig eins auf die Fresse.

Selbst in der Schule bekamen die Kinder von den Lehrern die Ohren langgezogen oder einen gelegentlichen Klaps auf den Hinterkopf.

Wer das zuhause seinen Eltern erzählte, wurde dann nicht selten von diesen auch noch zusätzlich bestraft.

9

Blauer Dunst

Es wurde aber nicht nur überall hemmungslos gesoffen und geprügelt, sondern auch gequalmt, bis sich die Balken bogen und einem buchstäblich die Augen tränten.
Meine Eltern rauchten ebenfalls wie die Schlote, und zwar im Beisein von uns Kindern, zuhause in der Wohnung.
Wenn wir Verwandte zu Besuch hatten, dann herrschte bei uns im Wohnzimmer Smogalarm.
In der Schule töpferten wir im Werkunterricht unter pädagogischer Anleitung unserer Lehrer formschöne Aschenbecher, um unseren kettenrauchenden Eltern an Weihnachten eine kleine Freude zu bereiten.
Für uns Kinder gab es täuschend echt aussehende Kaugummi-, und Schokoladenzigaretten zu kaufen.
Häufig wurden wir auch noch nach Einbruch der Dunkelheit zum Kippen holen in die nächste Kneipe oder an den Zigarettenautomaten um die Ecke geschickt, um unseren Eltern ihren «Stoff» zu besorgen.
„Ernte 23" war Papas Lieblingskraut und so Orangegelb wie die Verpackung, sah auch unsere ganze Wohnung aus.
Der gelbe Gilbe vom Rauch und Nikotin, klebte überall an den Wänden und Gardinen und passte somit hervorragend zum Zitronengelben Teppichboden und dem

Orangerotgestreiften Klappsofa im Wohnzimmer.

Nicht zu vergessen die ebenfalls in Gelb und Orange gehaltene Tapete mit Rautenmuster.

In den schrillen Siebzigern mochte man es eben gerne bunt und grell.

Als dann von Staatswegen der Preis für ein Päckchen Zigaretten wieder einmal drastisch angehoben wurde, ging mein Vater dazu über, sich seine Glimmstängel selbst zu stopfen.

Es dauerte jedoch nicht lange, bis diese Aufgabe an mich ab delegiert wurde und es nun zu meinen täglichen Hausaufgaben gehörte, nach der Schule, gewissermassen in Heimarbeit, die Zigaretten für meine dauerqualmenden Eltern zu produzieren.

So hockte ich praktisch jeden Nachmittag im heimischen Wohnzimmer und stopfte mithilfe einer kleinen Maschine, Tabak in industriell vorgefertigte Zigarettenhülsen.

Mit der Zeit wurde ich immer besser darin und stopfte Zigaretten, was das Zeug hielt.

Dennoch kam ich dem exorbitanten Verbrauch meiner Eltern kaum hinterher.

Geraucht wurde praktisch immer und überall, und zwar mit einer Selbstverständlichkeit, wie man sich das heutzutage überhaupt nicht mehr vorzustellen vermag.

Beim Einkaufen, beim Friseur, In Kneipen und Restaurants, in Bussen und Bahnen, im Flugzeug, bei Talkshows im Fernsehen, in der Warteschlange auf dem Amt und natürlich erst recht und vor allem im Lehrerzimmer.

An die möglichen Folgen des Passivrauchens dachte damals noch kein Mensch.

Jeder qualmte munter und sorglos vor sich hin, ohne Rücksicht auf Lungen und Verluste.

Die Werbung für Alkohol und Zigaretten war omnipräsent und so manche Reklamefigur entwickelte sich zum regelrechten Kultobjekt.

Man denke da zum Beispiel nur an den berühmten Marlboro Cowboy, der einem hoch zu Ross von haushohen Reklametafeln entgegenblickte oder an den Camel Man mit seinen Löchern im Schuh.

«Ich geh meilenweit für Camel Filter»
war die Message dahinter.

In die Luft ging aber nicht nur der blaue Dunst, sondern auch das berühmte und überaus beliebte «HB-Männchen». Dem lustigen und liebenswert animierten kleinen Kerl mit seiner grossen Nase, der auf den Namen Bruno hörte, passierten nämlich ständig die unglaublichsten Missgeschicke.

Wenn er dann vor lauter Wut und völlig entnervt buchstäblich abhob und an die Decke ging, ertönte eine beruhigende Stimme aus dem Off:

«Halt mein Freund, wer wird denn gleich in die Luft gehen? Greif lieber zur HB».

Ich muss ehrlich gestehen, dass ich die Zigarettenwerbung meistens sehr kreativ und erfrischend fand, und diese in unserer weichgespülten und vor Political Correctness triefenden Gesellschaft sogar ein wenig vermisse.

Was ich hingegen nicht im Geringsten vermisse, ist der unangenehme Geruch von kaltem und abgestandenem Rauch, der zu dieser Zeit nahezu überall in der Luft hing. Rauchen gehörte einfach mit dazu und war untrennbar mit dem damaligen Lifestyle verbunden.

Nach den Briefmarken dehnte ich meine Sammelleidenschaft auf Zigarettenpäckchen aus und hatte schon bald eine beeindruckende Sammlung von vielen verschiedenen Zigarettenschachteln aus aller Welt an der Wand über meinem Bett hängen.

Das würde heutzutage keinen Sinn mehr ergeben, denn wer hängt sich schon gerne « Rauchen macht impotent» übers Bett?

Vom langweiligen Design heutiger Zigarettenschachteln mal ganz abgesehen.

Alles in allem waren die Sitten und Gebräuche in den verrauchten und verruchten Siebzigern jedenfalls ganz anders als heute und im nach hinein betrachtet, erscheint es mir fast so, als hätten damals alle einzig und allein nur ihren Süchten gefrönt.

Der Geruch von Bier und Zigaretten ist jedenfalls untrennbar mit meinen frühesten Kindheitserinnerungen verknüpft und hat sich unauslöschlich in meinem Gehirn eingegraben.

Heute ist die Werbung für Alkohol und Zigaretten weitgehend aus dem öffentlichen Leben verschwunden.

Nichtsdestotrotz wird weiterhin getrunken und geraucht.

Gekifft wird allem Anschein nach mehr denn je.

Der moderne Mensch von heute vaporisiert inzwischen Lebensmittelaromen oder greift zur E – Zigarette.

Ich bin dagegen immer noch völlig altmodisch unterwegs und verbrenne Tabak in Form von Zigarillos.

Ab und an gönne ich mir eine gute Zigarre oder rauche eine Wasserpfeife in einer der unzähligen Shisha Bars.

Dazu trinke ich gerne ein schönes Glas Wein, bin aber Lichtjahre von den Exzessen meiner Vorfahren entfernt.

10

Geha oder Pelikan?

Am ersten Schultag brachte mich meine Mama mit meiner prall gefüllten Schultüte noch persönlich zur Einschulung ins Oberdorf.

Am zweiten Tag begleitete sie mich immerhin noch bis zur B3.

Doch schon am darauffolgenden dritten Tag legte ich den rund anderthalb Kilometer langen Schulweg ohne mütterlichen Geleitschutz zurück.

Diesen ging ich von nun an jeden Tag zu Fuss, und zwar bei jedem Wind und Wetter.

Sommer wie Winter, Jahrein und Jahraus.

Das taten im Übrigen viele andere Kinder auch und so schloss man sich unterwegs einfach zusammen und ging den Weg gemeinsam zur Schule.

Das Eltern Taxi für fusslahme Schulkinder war noch eher die Ausnahme.

Wer weiter weg wohnte wurde mit dem Schulbus herangekarrt und andere kamen mit dem eigenen Fahrrad zur Schule.

Da ich zu dieser Zeit jedoch weder Radfahren konnte, geschweige denn ein eigenes Fahrrad besass, ging ich den weiten Schulweg per Pedes.

Bald darauf erbte ich von meinem Cousin ein für damalige Verhältnisse todschickes Bonanza Fahrrad.

Dieser Drahtesel war ganz im Stil von «Easy Rider»

gehalten und hatte die Form eines Choppers.

Doch schon als kleines Kind hatte ich nicht viel für Zweiräder übrig und weigerte mich daher trotzig und vehement mit diesem lila glitzernden Ding, durch die Gegend zu fahren.

So war es denn auch kein Wunder, dass meine Radfahrprüfung in der Verkehrserziehungsschule in einem wahren Fiasko endete.

Dort bekam jedes Kind von einem Polizisten drei bunte Wäscheklammern an den Kragen geheftet und musste dann mit einem klapprigen Drahtesel verschiedene Übungsparcours befahren.

Am Abend zuvor hatte mir meine Schwester Bärbel noch schnell in einer Art Nacht und Nebelaktion das Fahrradfahren beigebracht.

Jetzt radelte Klein Horst völlig übermotiviert drauflos und überfuhr ein Stoppschild, einen Zebrastreifen, und eine rote Ampel nach der anderen.

Für jedes dieser vergehen musste ich zur Strafe eine Wäscheklammer abgeben und so kam es, dass ich innerhalb von nur zehn Minuten plötzlich ohne dastand. Durchgefallen!

Der Polizist spuckte Gift und Galle und meinte, man könne mich unmöglich auf die Menschheit und schon gar nicht auf den öffentlichen Strassenverkehr loslassen.

Die harschen Worte des Ordnungshüters habe ich mir sehr zu Herzen genommen und bin bis heute nie wieder auf ein Fahrrad gestiegen.

Später dann in meinem Beruf als Notfallsanitäter bin ich praktisch jeden Tag über rote Ampeln, Zebrastreifen und Stoppschilder hinweggebrettert und bekam sogar noch Geld dafür. Allerdings nur mit Blaulicht und Martinshorn versteht sich. Schöne Grüsse an dieser Stelle.

Meine Generation gehört zu den sogenannten geburtenstarken Jahrgängen, besser bekannt auch als «Baby Boomer».

In der Schule hiess das nichts anderes, als dass meine erste Klasse aus Sage und schreibe zweiundvierzig (42) Kindern bestand.

In dieser Masse konnte ich problemlos untertauchen.

Die ersten Jahre in der Grundschule erlebte ich daher wie in Trance.

Ich war noch nicht bereit für den sogenannten Ernst des Lebens und wollte viel lieber spielen gehen.

Stattdessen musste ich hier im Unterricht stillsitzen und Dinge lernen, die mich noch gar nicht interessierten.

Den Begriff «Penne» nahm ich wörtlich und stahl mich in Gedanken so oft es ging in meine eigene, kleine Phantasiewelt davon.

Das blieb offenbar auch meiner Klassenlehrerin nicht verborgen.

Immer wieder ertappte sie mich dabei, wie ich gerade still und heimlich vor mich hinträumte.

So stand denn auch in meinem ersten Zeugnis:
«Horst arbeitet nicht konzentriert genug.

Er verpasst dadurch die notwendigen Denkvorgänge".

Irgendwann wurden wir dann endlich in zwei verschiedene Klassen aufgeteilt.

Schliesslich ging mir der Knopf im Kopf doch noch auf und ich entwickelte mich zu einem ganz passablen Schüler.

Wir mussten damals noch richtige Schreibschrift lernen und dafür einen sogenannten Füllfederhalter benutzen.

Die Wahl des richtigen Füllers entwickelte sich zu einer Art Glaubensfrage.

Das Statussymbol jener Tage war ein königsblauer Stift der Marke Pelikan.

Der «Pelikano» mit verchromter Aluminiumkappe und eingraviertem Pelikan auf der Feder war praktisch der Mercedes Benz unter den Tintenfüllern.

Wer weniger Geld zur Verfügung hatte, musste sich mit dem billigeren Modell von Geha zufriedengeben.

Der war zwar nicht so robust gebaut wie der von Pelikan, dafür gab es ihn aber in vielen verschiedenen Farben.

Diese beiden Firmen teilten sich also de facto die Lufthoheit in den bundesdeutschen Klassenzimmern.

Beide Füller konnte man in der Mitte auseinanderschrauben und eine fertige Tintenpatrone hinten hineindrücken.

Eine Ersatzpatrone zum Nachladen befand sich im hinteren Teil des Füllers.

Das war eine echte Revolution, hatte doch damit die Sauerei mit den offenen Tintenfässchen endlich ein Ende.

Die Handhabung eines Federschreibgerätes war komplex und erforderte einiges an Geschick und feinmotorischer Fähigkeiten, beides Dinge, die mir leider völlig fehlten.

Immerhin war ich als geborener Linkshänder eines der ersten Schulkinder, dem es erlaubt wurde die «böse» linke Hand zu benutzen.

Bis in die Siebzigerjahre hinein wurde den Kindern nämlich noch vielerorts die Linkshändigkeit gewaltsam ausgetrieben.

Ganze Generationen vor mir mussten noch gezwungenermassen die «richtige» rechte Hand benutzen.

Ich durfte fortan frei entscheiden mit welcher Hand ich

schreiben und arbeiten wollte.

Mein Problem war vielmehr, dass ich beim Schreiben viel zu stark aufs Papier drückte und sich somit die Federspitze vorne am Füller auseinanderbog.

So zog ich statt einer, immer zwei Linien übers Papier, was mein Schriftbild schon bald sehr einzigartig machte.

Den Verschleiss an teuren Tintenfüllern fand meine Mutter hingegen nicht so erbaulich.

Da die Tinte zudem nicht schnell genug trocknete, verwischte ich mit der linken Hand immer alles, was ich gerade geschrieben hatte, und gewöhnte mir daher eine ziemlich ungelenke Haltung beim Schreiben an, für die ich auch heute noch belächelt werde.

Von der Schule bekam man jede Menge Auflagen aufgebrummt, die es peinlichst genau einzuhalten galt.

So wurden zum Beispiel die Abstände der Linien und Karos in den Schulheften genauso vorgeschrieben wie die Farben der jeweiligen Einbände:

Rot war für das Deutsch Diktatheft vorgesehen, gelb für die Aufsätze, grün für Mathe und blau für Physik.

Die Schulbücher wurden einem leihweise überlassen und man hatte selbst dafür Sorge zu tragen, dass diese das Schuljahr möglichst unbeschadet überstanden.

Zu diesem Zweck wurden sie mit einem dicken Schutzeinband versehen.

Man trug jedoch nicht nur Sorge, sondern auch jede Menge Gewicht mit sich herum.

Wir schleppten nämlich die schweren Schulbücher tagein und tagaus im Schulranzen hin und her.

Meiner war aus braunem Leder und glich eher einer Aktentasche, denn einem Schulranzen.

Einmal vergass ich am letzten Schultag vor den grossen

Sommerferien mein Pausenbrot darin.

Sechs heisse Sommerwochen lang sah ich nicht mehr in meinen Schulranzen hinein.

Als dann die Ferien zu Ende gingen und ich meinen Ranzen für die Schule packen wollte traf mich fast der Schlag.

Das vergessene Wurstbrot hatte in der Zwischenzeit ein Eigenleben entwickelt und alle Phasen der Verwesung durchlaufen.

Der Gestank weckte sofort Erinnerungen an meine Grossmutter, die mitten in den Sommerferien verstorben war.

Damals war es noch so üblich die Toten drei Tage lang offen zuhause aufzubahren, um sich von Ihnen zu verabschieden.

Der Sommer des Jahres Neunzehnhundertfünfundsiebzig war brütend heiss und so verbreitete meine tote Oma schon bald einen seltsam süsslichen Duft in der guten Stube.

Um dem entgegenzuwirken hatte man überall kleine Schälchen mit Zitronen und Nelken aufgestellt.

Das half aber weder gegen den üblen Geruch noch hielt es die vielen Fliegen fern, die meine tote Oma umschwirrten.

Aus deren Nase und Mund blubberten jetzt lauter kleine Bläschen empor und ihre Fingerspitzen und Ohrläppchen waren schon ganz schwarz und vertrocknet.

Das war für mich das erste Mal, dass ich einem toten Menschen so nahekam.

Ich hatte meine Grossmutter immer gerne gemocht, wenngleich ich sie auch nur sehr selten zu Gesicht bekommen habe.

Zu ihren Lebzeiten glich sie einer Grossmutter wie aus

dem Märchenbuch mit rundem Buckel, Dutt und einem freundlichen Runzel Gesicht.

Zu Weihnachten schenkte sie uns Enkelkindern Äpfel, Nüsse und Orangen.

Sie selbst hatte elf Kindern das Leben geschenkt.

Meine Mutter war eines davon und die sollte sich jetzt um ihre Beerdigung kümmern. Ich durfte sie begleiten.

Wir fuhren deshalb für ein paar Tage in ihr altes Heimatdorf, um dort alles notwenige zu erledigen.

Onkel Adolf, ihr jüngster Bruder, hatte die letzten Jahre mit Oma zusammen auf dem völlig heruntergekommenen Bauernhof gelebt.

Der trank aber lieber Bier statt sich um die Beerdigung von Oma zu kümmern.

Mama und ich quartierten uns in der Nähe bei Bekannten auf deren Bauernhof ein.

Während sie sich um die Trauerformalitäten kümmerte, durfte ich dort beim Melken der Kühe helfen, Schweine füttern, Traktor fahren und Katzen streicheln.

Trotz des traurigen Anlasses erlebte ich dort zum ersten Mal unbeschwerte Tage voller Frieden und Harmonie.

Niemand schrie herum und es gab auch keinen Streit.

Die freundlichen Bauern kümmerten sich rührend um mich und versorgten mich mit frischer Milch und selbstgebackenem Brot.

Seit einem schweren Unfall hatte der Bauer einen künstlichen Blasenausgang.

Er trug deshalb immer eine Flasche mit sich herum, in der sich sein goldgelber Urin sammelte.

Ich fand das völlig faszinierend und hätte auch gerne so eine Pinkelflasche gehabt.

Um ein Haar wäre es dann fast so weit gekommen.

Als ich nämlich draussen auf dem Feld mal pinkeln musste, machte ich versehentlich gegen einen elektrisch geladenen Weidezaun.

Der Stromschlag liess mir nicht nur die Haare zu Berge stehen.

Mal abgesehen von diesem elektrisierenden Zwischenfall habe ich aber nur sehr schöne Erinnerungen an diese Zeit zurückbehalten.

Am Tag von Omas Beerdigung versammelte sich das ganze Dorf, um ihr die letzte Ehre zu erweisen.

Der Sarg wurde auf einen kleinen Karren geladen und von Hand Richtung Friedhof gezogen.

Die Trauergemeinde folgte diesem zu Fuss.

Unterwegs stiessen immer mehr Menschen hinzu und der Trauermarsch wurde länger und länger.

Der Pfarrer hielt seine Trauerrede am offenen Grab und danach wurde der Sarg langsam in die Grube hinabgelassen.

Viele der Anwesenden weinten bittere Tränen, andere wiederum starrten eher teilnahmslos vor sich hin.

Ich durfte ein paar Blumen in Omas Grab werfen.

Nach der Beisetzung traf sich die ganze Trauergemeinde zum gemeinsamen Leichenschmaus in einem nahegelegenen Gasthaus.

Dort wurde dann ordentlich gegessen und vor allem viel getrunken und schon bald ein derber Witz nach dem anderen gerissen.

So eine Beerdigung schien allem Anschein nach, eine recht lustige Sache zu sein.

Auch Papa war mit von der Partie und gab mal wieder ordentlich Gas.

Aber wenigstens machte er sich diesmal nicht in die

Hosen.

Das war ihm nämlich wenige Wochen zuvor beim Geburtstag von Onkel Helmut passiert.

Er hatte wieder einmal viel zu viel getrunken und sich dann vor der ganzen versammelten Verwandtschaft eingenässt und in die Hosen geschissen.

Alle lachten ihn aus und machten sich lustig über ihn.

Ich aber schämte mich fast zu Tode und wäre am liebsten im Erdboden versunken.

So wie Omas Sarg, in ihr dunkles Grab.

11

Kleine Fluchten und grosse Dummheiten

Als die Sommerferien vorüber waren, hatte mich der Alltag
ruckzuck wieder.
Schule machte meistens Spass und ich hatte inzwischen
grossen Gefallen am Lesen und Schreiben gefunden.
Ich verschlang ein Buch nach dem anderen und meine
Lieblingspatentante Mechthild sorgte zum Glück gleich
säckeweise dafür, dass mir der Nachschub an Lesestoff nie
ausging.
Sie versorgte mich regelmässig mit neuen Büchern und so
nutzte ich praktisch jede freie Minute, um der Realität zu
entfliehen und in virtuelle Welten abzutauchen.
Während dieser kleinen Fluchten, flog ich in ferne Galaxien,
Ritt durch die weitesten Wüsten oder jagte einer Bande
von Autodieben hinterher.
Das alles geschah selbstverständlich nur in meiner
Fantasie und spielte sich lediglich vor meinem geistigen
Auge ab.
In Wirklichkeit hatte ich Frohen Hausen noch nie verlassen
und kannte die Welt bis dahin nur aus Büchern.
Tante Mechthilds Mann hingegen hatte schon einiges von
der Welt gesehen.
Er war um einiges älter als sie und hatte aus seiner aktiven
Zeit als Fremdenlegionär im französischen Indochina Krieg
ein richtiges, echtes Tigerfell mit nach Hause gebracht.

Sie wohnten nur wenige Häuser weiter in derselben Strasse und dieses prächtige Fell lag bei ihnen zuhause im Wohnzimmer auf dem Fussboden.

Obwohl ich in meiner Tollpatschigkeit ständig über den Tigerkopf hinwegstolperte, konnte ich mich gar nicht satt genug daran sehen.

Dieses wunderschöne aber leider tote Tier, lieferte mir praktisch den physischen Beweis dafür, dass es da draussen noch so viel mehr zu entdecken gab.

Es sollten aber noch viele Jahre vergehen, ehe ich endlich meine Neugierde stillen und die Reiselust befriedigen konnte.

Tante Mechthild war es auch, die mir meinen allerersten Job verschaffte.

Sie arbeitete damals in einem grossen Supermarkt und für diesen sollte ich von nun an zwei Mal wöchentlich 5000 Hochglanz Prospekte mit den neuesten Sonderangeboten in jeden Frohen Hausener Haushalt bringen.

Dafür bekam ich die stolze Summe von Fünfzig Deutschen Mark im Monat.

Obwohl ich mit Zahlen und Mathematik nie so recht was anfangen konnte, war selbst mir klar, dass Fünfzig Mäuse eine Menge Geld waren.

Von diesem ersten selbst verdienten Geld kaufte ich mir dann meine ersten eigenen Jeans.

Bislang musste ich nämlich immer die langweiligen und abgetragenen Klamotten meines Cousins auftragen.

Nur hin und wieder kaufte mir Mama mal ein neues Kleidungsstück.

Im Vergleich, zu den Perfekt durchgestylten Instagram Kids von heute, liefen wir alle damals rum, wie die letzten Menschen.

Meine schlechten Mathezensuren verhagelten mir regelmässig den Notendurchschnitt.

Der Mathematiklehrer gab sich zwar die grösste Mühe aber dieser Zahlenkrempel wollte mir partout nicht ins Hirn.

Mathe klang für mich immer wie:

«Zwei Äpfel reiten durch die Wüste und treffen unterwegs vier Bananen. Was kosten die Kirschen, wenn man sie mit den Erbsen teilt?»

Hä? Genau!

Zum Glück konnte ich meine schlechten Noten in Mathe, mit Deutsch, Biologie und Geschichte wieder wettmachen. Darin war ich nämlich Klassenprimus.

Diktate und Aufsätze zu schreiben, bereitete mir keine grossen Schwierigkeiten.

Ein Aufsatz von mir schaffte es sogar einmal in die Schülerzeitung.

Auch Theater zu spielen, machte mir grossen Spass.

So gab ich nicht nur gerne den Pausenclown, sondern trat auch bei kleineren Aufführungen auf und freute mich über die Aufmerksamkeit, die mir dadurch zuteilwurde.

Den Sportunterricht mochte ich hingegen weniger.

Die sogenannte Leibeserziehung glich eher einem militärischen Drill.

Wir mussten uns alle in Reih und Glied nach Grösse geordnet aufstellen und dann liess uns der Sportlehrer buchstäblich nach seiner Trillerpfeife tanzen.

Auch Geräteturnen wie Bockspringen, Kasten oder Reck, hasste ich wie die Pest.

Da ging ich doch lieber meine Prospekte verteilen, wenn wir nachmittags Sportunterricht hatten.

Geld verdienen hatte schliesslich oberste Priorität und

Bewegung hatte ich zudem auch noch.

Ganz ohne Drill und Druck.

Da ich mir auch nie sonderlich viel aus Fussball gemacht habe, blieb ich bei der Mannschaftsaufstellung immer als letzter übrig und wurde dann quasi als «Trostpreis» ins Tor gestellt.

Immerhin verhinderte ich dank meiner Leibesfülle so manchen gegnerischen Treffer.

Auch bei den Bundesjugendspielen ging ich immer leer aus.

Obwohl ich schnell rennen konnte und ganz gut im Weitsprung war, reichte es nie für eine dieser blöden Siegerurkunden.

Unsere Lehrer waren noch richtige Respektspersonen.

Wenn sie den Klassenraum betraten, mussten wir uns alle erheben und sie gemeinsam im Chor begrüssen.

Wer den Unterricht störte oder nicht parierte, musste sich zur Strafe mit dem Gesicht zur Wand in die Ecke stellen oder stundenlang nachsitzen.

Auch Strafarbeiten oder ein Eintrag ins Klassenbuch waren als Sanktionsmassnahmen sehr beliebt und gefürchtet.

Wer zum Beispiel auch schon Einhundert Mal den Satz: «Ich darf den Unterricht nicht stören!» schreiben musste, weiss wovon ich rede.

Wenn auch das nichts half, gab es einen Satz heisse Ohren oder einen Klaps auf den Hinterkopf.

Wer jedoch eine Aufgabe besonders gut gelöst hatte, bekam zur Belohnung auch mal ein Fleissbildchen geschenkt.

Die beiden Hausmeister machten hingegen ihrem Namen alle Ehre und waren in der Tat die wahren Herren und Meister an der Schule.

Sie sorgten in ihren grauen Arbeitskitteln für Zucht und
Ordnung auf dem Schulhof und im Klassenzimmer.
An den grauen Eminenzen führte kein Weg dran vorbei.
Ganz ohne pädagogischen Schnickschnack stauchten sie
uns gnadenlos zusammen, wenn wir wieder einmal über
die Stränge schlugen.
Wenn der kiloschwere Hausmeister Schlüsselbund als
Wurfgeschoss verwendet wurde und dieser nur wenige
Zentimeter neben deinem Kopf gegen die Wand donnerte,
wusste jeder sofort:
Letzte Warnung! Jetzt ist Fresse halten angesagt!
Das hielt dennoch einige nicht davon ab, gelegentlich bei
Hausmeister Donner telefonisch nachzufragen, wann er
denn beabsichtige mit Herrn Blitz das nächste Gewitter zu
veranstalten?
Das Donnerwetter folgte dann umgehend am anderen
Ende der Leitung.
Für einen anonymen Scherzanruf wie diesen, musste man
meistens noch eine Telefonzelle aufsuchen, die es zu jener
Zeit an fast jeder Ecke gab.
Diese postgelben Telefonhäuschen waren oft die einzige
Verbindung zur Welt da draußen.
Um zu telefonieren, musste man zwanzig Pfennige in den
Schlitz am Münzfernsprecher einwerfen und die
Telefonnummer mittels einer Drehscheibe einstellen.
Die passende Nummer dazu fand sich in einem der dicken
Telefonbücher, die praktisch in jeder dieser Telefonzellen
öffentlich und für jedermann einsehbar auslagen, sofern
nicht wieder irgendwelche Vandalen die Seiten
herausgerissen hatten.
Man blätterte sich einfach alphabetisch bis zum
gewünschten Namen durch, stellte die Zahlen dahinter auf

der Wählscheibe ein und wartete bis sich am anderen Ende der Leitung jemand meldete.

Kam das Gespräch zustande, musste immer wieder Geld nachgeworfen werden, sonst wurde die Verbindung jäh unterbrochen.

Im heutigen Flatrate Zeitalter schnurloser und multimedialer Dauerverfügbarkeit nahezu unvorstellbar.

Neben diesen Scherzanrufen, die niemandem ernsthaft weh taten, gab es aber auch handfeste Bombendrohungen.

Bevorzugt am Tag der Zeugnisausgabe oder vor den grossen Ferien.

Hier hörte der Spass dann auf.

Die Polizei rückte mit Sprengstoff Suchhunden an und evakuierte das ganze Schulgelände.

Nachdem sie alles abgesucht hatten, gab es meistens Entwarnung, dennoch blieb ein mulmiges Gefühl zurück, wenn wir die Schule danach wieder betraten.

Zu dieser Zeit herrschte generell eine Bombenstimmung, denn die Baader - Meinhof Bande, besser bekannt auch als «Rote-Armee-Fraktion», beherrschte die Schlagzeilen.

Diese Linksextremistische Terrororganisation hatte bereits mehrere Attentate und Bombenanschläge verübt und kurz zuvor den damaligen Arbeitgeberpräsidenten Hans Martin Schleyer entführt.

Nach einem wochenlangen Psychokrimi wurde dessen ermordete Leiche schliesslich nicht weit von uns entfernt am anderen Ufer des Rheins im elsässischen Mulhouse am 19. Oktober 1977 im Kofferraum eines Audi 100 gefunden.

Der sogenannte Deutsche Herbst hatte damit seinen vorläufigen Höhepunkt erreicht.

Für uns war diese Zeit geprägt von Angst und Paranoia.

In den Fernsehnachrichten liefen beinahe täglich die Bilder von den Anschlägen und Attentaten mit blutüberströmten Toten und Verletzten.

Die Polizei machte Deutschlandweit jagt auf die Terroristen und kontrollierte mit Maschinenpistolen bewaffnet praktisch alles und jeden.

Fahndungsplakate mit den Köpfen der meistgesuchten RAF-Terroristen hingen damals überall und prägten das Strassenbild.

Die einzigen Bomben, die wir zu dieser Zeit zündeten, waren Stinkbomben.

Diese kleinen Glasampullen waren mit einer stinkenden gelben Flüssigkeit gefüllt und rochen nach dem Zerbrechen fürchterlich nach faulen Eiern.

Wir klingelten an fremden Hauseingängen, warfen unsere Stinkbomben hinein und rannten so schnell wir konnten wieder weg.

Wenn ich es mir recht überlege, hätte ich mit diesem Talent eigentlich Paketdienstfahrer werden sollen.

Wenn wir dabei erwischt wurden, gab es manchmal ein paar hinter die Löffel, aber wir wussten dann ganz genau, dass wir die Abreibung verdient hatten.

Nach der Schule nahmen wir immer den längsten Weg nach Hause.

Wir liefen die Hauptstrasse im Oberdorf hinunter und klapperten der Reihe nach, sämtliche Läden und Geschäfte nach Gratismustern und Pröbchen ab.

So kehrten wir fast jeden Tag mit fetter Beute Heim: Baby Brei Proben aus der Drogerie, Kugelschreiber von der Bank, Gratiscomicheftchen aus der Apotheke und Prospekte aus dem Spielzeugladen.

Hin und wieder zogen wir uns einen unverpackten

Kaugummi aus dem Automaten oder kauften für zwei Pfennig einen von diesen leckeren, roten Lollis mit Himbeergeschmack.

Die konnte man damals nämlich noch einzeln kaufen.

Nahezu jeden Nachmittag streunten wir wie Strassenköter durch die Gegend und waren immer auf der Suche nach neuen Abenteuern.

Dabei hatten wir nichts als Dummheiten und Blödsinn im Kopf.

Am Strassenrand parkten nicht selten Autos mit unverschlossenen Türen.

Dort stiegen wir einfach ein, setzten uns hinters Steuer und spielten Verfolgungsjagd.

Meistens merkten die Besitzer gar nichts von unserem ungebetenen Besuch, denn wir stahlen nichts und machten auch nichts kaputt.

Wenn wir doch einmal erwischt wurden, waren wir meistens schneller.

Wenn nicht, setzte es die verdiente Strafe.

So lernten wir die Konsequenzen für unser Tun zu tragen.

Wussten Sie eigentlich, dass Verkehrsleitpfosten ein dumpfes «Flupp» von sich geben, wenn man sie langsam aus der Erde zieht? Nein?

Seit ich auf der Landstrasse zwischen Eschenbach und Frohen Hausen, ein paar von diesen Dingern aus dem Boden gezogen habe, kenne ich dieses Geräusch.

Dummerweise fuhr just in diesem Moment ein VW Bulli der Strassenmeisterei an uns vorbei und hielt plötzlich mit quietschenden Reifen an.

Wir nahmen die Beine in die Hand und rannten in verschiedene Richtungen davon.

Ich flüchtete ins vermeintlich sichere Unterholz und

versteckte mich dort.

Es war Sommer und ich deshalb nur mit einem T-Shirt und kurzen Hosen bekleidet.

Auf meiner Flucht rannte ich geradewegs in mannshohe Brennnesseln hinein. Aua!

Gott und die Strassenmeisterei von Baden-Württemberg strafen eben sofort!

Beim Kirschen Klauen, wurden wir einmal auf frischer Tat ertappt.

«Was macht ihr da oben?!» rief der wütende Besitzer von unten.

Vor lauter Schreck und vom schlechten Gewissen geplagt, sprangen wir dem Kirschbaumbesitzer direkt vor die Füsse und rannten wie die Hasen davon.

Doch der jagte uns aus seiner doppelläufigen Flinte eine schmerzhafte Ladung Salz-, und Pfefferschrot hinterher.

Natürlich erzählten wir zuhause unseren Eltern nichts davon, sie hätten uns ansonsten grün und blau geprügelt.

Beim Zündeln mit geklauten Streichhölzern, fackelten wir versehentlich ein abgeerntetes Getreidefeld ab.

Das staubtrockene Stoppelfeld brannte plötzlich lichterloh.

Als unsere verzweifelten Löschversuche nicht fruchteten, machten wir uns voller Panik aus dem Staub.

Kurz darauf heulten die Sirenen.

Wir hörten das Tatütata der Freiwilligen Feuerwehr von Frohen Hausen und schauten ihnen aus der Ferne beim Löschen zu. Auweia.

Wieder einmal hatten wir mehr Glück als Verstand und wurden auch diesmal nicht erwischt.

Trotzdem musste ich mir zuhause immer wieder anhören, ich hätte nichts als Scheisse im Hirn.

Dann versuchte ich mir bildlich vorzustellen, wie die

Scheisse wohl dahin gekommen sein könnte, konnte mir aber beim besten Willen keinen Reim darauf machen.

Zu dieser Zeit wurden überall in Frohen Hausen neue Strassen und Kanalisationen gebaut.

Nach Schulschluss trieben wir uns häufig auf den Baustellen herum.

Dort fragten wir dann den einen oder anderen Lastwagenfahrer, ob wir mal mitfahren dürften und meistens willigte einer von ihnen ein.

So waren wir oft den ganzen Nachmittag über mit wildfremden Männern in ihren LKWs unterwegs.

Nicht selten waren wir dabei viele Kilometer von zuhause entfernt, um in irgendwelchen Kiesgruben Pflastersteine zu laden oder frischen Asphalt aufzunehmen.

Der Aushub wurde ausgerechnet im stillgelegten Kalischacht abgeladen.

Während also mein Vater und Grossvater jahrelang mit dazu beigetragen hatten, dieses tiefe Loch in die Erde Hineinzugraben, war ich nun mit dabei, als es langsam wieder zugeschüttet wurde.

Welch Ironie der Geschichte.

Es wurden aber nicht nur zig Tonnen Erde und Bauschutt in die leere Kaligrube hineingekippt, sondern auch diverse Fässer mit unbekanntem Inhalt verschwanden dort für immer in der Tiefe.

Doch wir dachten uns nichts Schlimmes dabei.

Kurz zuvor hatte es in einem oberitalienischen Dorf mit Namen Seveso einen Unfall in einer Chemiefabrik gegeben.

Das bislang unbekannte Wort «Dioxin» war plötzlich in aller Munde und die Bilder von grässlich entstellten Kindern mit sogenannter Chlorakne gingen um die Welt.

Damals machten viele Gerüchte die Runde, was in den

Fässern wohl gewesen sein könnte und ob es sich dabei eventuell um die hochgiftigen Rückstände von Seveso handelte.

Erst viele Jahre später tauchten die verschollenen Giftfässer an anderer Stelle wieder auf.

Auf dem ehemaligen Kali Gelände sollte nun eine atomare Brennelementefabrik entstehen.

Dieses Vorhaben stiess jedoch auf heftigen Widerstand in der Bevölkerung.

Es bildete sich eine Bürgerinitiative und schliesslich wurde so lange dagegen protestiert und demonstriert, bis die federführende Firma von ihrem Projekt Abstand nahm.

Ich war damals aber noch zu jung, um das alles richtig zu begreifen.

Die Lastwagenfahrer auf den Baustellen waren jedenfalls immer sehr nett zu uns und offenbar auch froh darüber, ein wenig Gesellschaft zu haben.

Nicht wenige teilten sogar ihr Essen mit uns, während sie von ihrem spannenden Leben als LKW-Fahrer erzählten.

Für uns Kinder war das ein Riesenabenteuer und wir hatten jede Menge Spass dabei.

Ganz nebenbei lernten wir so auch noch einiges über das Leben selbst, die Menschen, und die Welt da draussen kennen.

Selbstverständlich hatten unsere Eltern mal wieder nicht die leiseste Ahnung, wo und mit wem wir uns gerade herumtrieben.

Ich wage nicht mir vorzustellen, welche Reaktionen ein solches Verhalten heutzutage auslösen würde.

Bestimmt gäbe es ein Riesentheater, wenn irgendwelche Kinder bei wildfremden Lastwagenfahrern einsteigen und einfach mal so den ganzen Nachmittag über mit ihnen mitfahren würden.

Vermutlich würde die Polizei sofort eine Grossfahndung auslösen.

Weinende Mütter würden live im Fernsehen auftreten und einen verzweifelten Appell an die vermeintlichen Entführer richten und eine hochkarätige Expertenrunde anschliessend darüber diskutieren, wie es zu diesem ungeheuerlichen Vorfall kommen konnte.

Ganz zu schweigen von der versicherungsrechtlichen Komponente und natürlich der Frage, wer die Verantwortung dafür trägt und ob die schwer «traumatisierten» Kinder jetzt psychologisch betreut werden müssen.

Die betreffenden Lastwagenfahrer
wären jedenfalls garantiert ihre Jobs los.

Wie schon gesagt: Ich möchte heutzutage kein Kind mehr sein.

Doch eines ist gewiss: Keine Kirschen, die ich seither je wieder in meinem Leben gegessen habe, schmeckten so gut, wie die geklauten vom Baum.

12

Bachblüten

Meistens plätscherte der Kleine Sulzbach gemächlich vor unserem Haus dahin.

Nur nach heftigen Regenfällen schwoll er manchmal gefährlich an und trat dann regelmässig über die Ufer.

Dabei überschwemmte er oft grosse Teile des Ober-, und Unterdorfes und richtete ziemlichen Schaden an.

Nicht selten wurde der Bach auch als kostenloser Abwasserkanal missbraucht.

Dann schäumte und schillerte das Wasser buchstäblich in allen Farben des Regenbogens und stank sprichwörtlich bis zum Himmel.

Das hinderte uns Kinder aber nicht im Geringsten daran, an seinen Ufern zu spielen oder im Sommer darin zu baden.

Wir bauten Staudämme wie die Biber und lieferten uns regelrechte Wasserschlachten.

Im Hochsommer, wenn der ganze Bach restlos ausgetrocknet war, begaben wir uns auf Erkundungstour.

Wir fühlten uns dabei wie Wissenschaftler auf einer Expedition in unerforschte Welten und staunten nicht schlecht, was sich im ausgetrockneten Bachbett so alles entdecken liess.

Da gab es tote Wasserratten, halb verweste Katzenleichen, und Fische, die in irgendwelchen übriggebliebenen Pfützen um ihr Überleben kämpften.

Wir fingen Blindschleichen und Kaulquappen ein, die wir dann in einem von Mamas grossen Einmachgläsern sammelten, um sie vor dem vermeintlich sicheren Tod zu retten.

Am nächsten Tag waren wir tottraurig, weil sie über Nacht verendet waren.

So lernten wir, dass ohne Sauerstoff kein Leben möglich ist.

Im Grunde genommen, war der ganze knochentrockene Sulzbach ein einziger, grosser Abenteuerspielplatz und natürlich hatten wir nur wieder Blödsinn im Kopf.

Wir machten uns einen Spass daraus, die stinkenden, toten Fische, bei wildfremden Leuten in den Briefkasten zu werfen.

Einmal brachte ich eine tote Ratte mit nach Hause und zeigte sie voller Stolz meiner Mutter.

Die konnte sich allerdings nicht so richtig darüber freuen und entsorgte den stinkenden Kadaver postwendend in der Mülltonne.

Das trockene Bachbett verströmte einen modrig- morbiden Geruch nach Fäulnis und Verwesung.

Als ich dann viele Jahre später zum allerersten und gleichzeitig letzten Mal in meinem Leben Austern essen sollte, fühlte ich mich augenblicklich in meine früheste Kindheit zurückversetzt.

Diese angebliche Delikatesse roch und schmeckte original nach meinem ausgetrockneten Sulzbach.

Im Winter fror der Bach dann regelmässig zu und wurde von einer Zentimeterdicken Eisschicht bedeckt.
Wir Kinder rutschten und rodelten darauf herum, ohne uns Gedanken über die eventuellen Gefahren zu machen.
An einem frostig kalten Wintertag passierte es dann.
Ich spielte und tobte gerade mit meinem Freund Michael wieder einmal auf dem zugefrorenen Sulzbach.
Irgendwann kamen wir auf die glorreiche Idee im Abstand von rund 200 Metern grosse Löcher ins Eis zu schlagen.
Michael kniete stromaufwärts auf dem Eis und warf nun wahllos irgendwelche Gegenstände in sein Loch hinein.
Diese wurden von der Strömung mitgerissen und trieben nun unter der Eisdecke in meine Richtung davon.
Mein Job war es die stromabwärts treibenden Gegenstände mit der Hand abzufangen und aus meinem Loch wieder herauszufischen.
Das faszinierende daran war, dabei zuzusehen, wie die Dinge unter der Eisoberfläche davontrieben.
An diesem Tag trug Michael eine knallrote Winterjacke, die schon von weitem gut zu sehen war.
Doch plötzlich war die rote Jacke samt Michael verschwunden und wie vom Erdboden verschluckt.
Er war durch sein Loch ins eiskalte Wasser geplumpst und trieb nun als schemenhafter roter Punkt unter der Eisoberfläche stromabwärts.
Voller Panik rannte ich am Ufer nebenher und liess den roten Punkt nicht mehr aus den Augen.
Zum Glück hatte ein zufällig vorbeikommender Passant das Unglück ebenfalls beobachtet und rannte nun parallel zu mir auf der anderen Seite des Sulzbachufers entlang.
Gottlob befand sich etwas stromabwärts ein weiteres Loch in der Eisdecke.

Der Mann erreichte die Stelle, kurz bevor Michael daran vorbeigetrieben wurde, und griff beherzt in das Eisloch hinein.

Wie durch ein Wunder bekam er die rote Jacke gerade noch rechtzeitig zu fassen und zog ihn daran aus dem eiskalten Wasser.

Michael hustete und prustete und zitterte am ganzen Leib wie Espenlaub, schien aber ansonsten wohlauf zu sein.

„Menschenskind, könnt ihr denn nicht besser aufpassen?» schrie der fremde Mann uns an.

«Das wäre beinahe schief gegangen! Was habt ihr euch nur dabei gedacht?» schimpfte der Mann weiter in einer Mischung aus Ärger und Erleichterung.

„D… D…D…Danke" bibberte Michael und schlotterte am ganzen Körper.

„Schon gut, jetzt sieh zu, dass du aus den nassen Klamotten rauskommst! Wo wohnst Du denn überhaupt?» wollte der Fremde jetzt wissen.

Michael zeigte mit zittrigen Fingern und klappernden Zähnen auf unseren Block schräg gegenüber.

«Das ist ja nicht weit» antwortete der unbekannte Retter erleichtert.

«Passt in Zukunft besser auf, verstanden?» ermahnte er uns noch einmal mit erhobenem Zeigefinger.

Wir blickten betreten zu Boden und nickten nur zustimmend mit dem Kopf, ohne ein Wort zu sagen.

Der Fremde ging seines Weges und liess uns allein zurück.

„Sag bloss nichts meinen Eltern!» bibberte Michael.

„Mein Vater schlägt mich sonst tot!»

«Bist Du verrückt?» versprach ich ihm hoch und heilig.

„Die hauen uns doch beide windelweich! Dass bleibt unser grosses Geheimnis, Ehrenwort!"

Das ist es dann auch bis zum heutigen Tag geblieben.

Zuhause zogen wir uns heimlich trockene Kleider an und gingen danach wieder draussen spielen, als wäre nichts gewesen.

Ich weiss jedenfalls nicht, wie diese Geschichte ohne den unbekannten Retter ausgegangen wäre.

Den zugefrorenen Bach haben wir aber fortan gemieden wie der Teufel das Weihwasser.

In den letzten Jahren und Jahrzehnten, ist der Kleine Sulzbach nie wieder im Sommer ausgetrocknet und auch im Winter nicht mehr zugefroren.

Keine Ahnung, ob das am viel beschworenen Klimawandel liegt oder ob es dafür andere Gründe gibt.

13

Fundstücke

In den letzten Wochen des zweiten Weltkrieges hatte die
deutsche Wehrmacht auf dem Abstellgleis des Frohen
Hausener Bahnhofs einen vollbeladenen Güterzug mit
Munition abgestellt.
Dieser Munitionszug wurde von einem feindlichen
Tiefflieger entdeckt, beschossen, und explodierte daraufhin
in einem riesigen Feuerball.
Obwohl die herumfliegenden Munitions-, und Trümmerteile
danach grösstenteils wieder eingesammelt und entfernt
worden waren, fanden sich auch 30 Jahre nach Kriegsende
immer noch Reste davon.
Wenn im Frühjahr die Bauern ihre Felder rechts und links
vom Bahndamm umpflügten, machten sich Generationen
von Frohen Hausener Unterdorfkindern auf den Weg, um
in der frisch aufgewühlten Erde nach Munitionsresten zu
graben.
Wir nannten das Minensuchen.
Dieses Wissen wurde praktisch unter der Hand von
Generation zu Generation weitergegeben.
Bei diesen «Minen» handelte es sich um gepresste
Schwarzpulverstäbchen, die wie Bleistiftminen aussahen.
Wenn man die ins offene Feuer warf, verglühten sie
glitzernd und Funken sprühend, wie Wunderkerzen.
Selbst drei Jahrzehnte nach Kriegsende sammelten wir

immer noch ganze Plastiktüten voll davon ein.

Eines Nachmittags war ich mal wieder mit Michael auf der Suche nach den brisanten Stäbchen.

Plötzlich stiess Michael mit dem Fuss gegen einen metallischen Gegenstand.

Er hob den Dreckklumpen auf und rubbelte die feuchte Erde herunter.

Zum Vorschein kam ein Birnenförmiges Gebilde.

«Boa» rief Michael, «Ne` Bombe, komm die bringen wir zu Herrn Abt, das gibt bestimmt Finderlohn!» meinte er ganz euphorisch.

«Au ja», stimmte ich ihm zu und hielt das auch für eine Bomben Idee.

Bei der vermeintlichen Bombe handelte es sich um eine scharfe Mörsergranate aus dem zweiten Weltkrieg, aber das wussten wir zu diesem Zeitpunkt noch nicht.

Herr Abt war unser lokaler Gesetzeshüter, der damals in Frohen Hausen für Recht und Ordnung sorgte.

Der hockte meistens auf seiner Polizeiwache im Oberdorf und zählte die Tage bis zu seiner bevorstehenden Pensionierung.

Vom Fundort bis zur Polizeistation waren es gut und gerne zwei Kilometer.

Wir schnappten uns den explosiven Fund und radelten mit Michaels klapprigem Fahrrad einmal quer durch halb Frohen Hausen in Richtung Polizeistation.

Ich sass hinten auf dem Gepäckträger und hielt die «Birne» mit beiden Händen fest umklammert, während ich gleichzeitig versuchte die Balance zu halten und nicht hintenüberzukippen.

«Lass sie bloss nicht fallen!» ermahnte mich Michael und trat wie ein Irrer in die Pedale.

«Nein, nein, ich pass schon auf!» beruhigte ich ihn.

Dabei wurde ich die ganze Zeit über ordentlich durchgeschüttelt und hatte sichtlich Mühe mich auf dem wackeligen Gepäckträger zu halten.

Nach einer gefühlten Ewigkeit kamen wir endlich beim Frohen Hausener Polizeiposten an.

Der war damals noch für jedermann frei zugänglich und noch nicht so hermetisch abgeriegelt, wie das heutzutage üblich ist.

Wir rannten mit unserem brisanten Fund schnurstracks in die Amtsstube von Herrn Abt und knallten ihm das Ding auf den schweren Schreibtisch.

«Herr Abt, Herr Abt, schauen Sie mal, was wir gefunden haben!» überfielen wir den völlig verdutzten Dorfpolizisten.

Als alter Weltkriegsveteran erkannte der sofort, was ihm da vor die Nase gesetzt wurde.

Polizeiobermeister Abt wechselte schlagartig die Gesichtsfarbe und rief entsetzt:

«Seid ihr denn völlig wahnsinnig? Raus, raus!».

Er sprang erschrocken auf und versteckte sich unter seinem Schreibtisch.

Michael und ich taten wie uns geheissen und verliessen enttäuscht die Polizeistation.

«Der hat sich gar nicht gefreut» meinte Michael beleidigt.

Mit dem erhofften Finderlohn würde es wohl nichts werden.

Stattdessen rückte nun der Kampfmittelräumdienst an und kümmerte sich um unseren bombigen Fund.

Wieder einmal hatten wir mehr Glück als Verstand...

Nichtsdestotrotz übte die nahe gelegene Eisenbahnlinie auch weiterhin eine magische Anziehungskraft auf mich aus.

Sie war die stählerne Verbindung zur unbekannten Welt da draussen.

Oft sass ich stundenlang am Bahnhof und sah den vorbeifahrenden Zügen hinterher.

In Gedanken malte ich mir aus, an welche exotischen Orte die Züge jetzt wohl gerade fahren würden.

Das es meistens nur der schnöde Bahnhof vom nächsten öden Kaff war, blendete ich in meiner jugendlichen Naivität konsequent aus.

Für mich stand jedenfalls schon früh fest, dass ich unbedingt einmal die Welt bereisen wollte.

Meine Eltern hatten noch nie in ihrem Leben Ferien gemacht oder gar eine grössere Reise unternommen, und jetzt, wo sie auch noch vier Kinder durchfüttern mussten, war daran ohnehin nicht mehr zu denken.

Wenn mein Vater wieder einmal den Kanal gestrichen voll hatte, was praktisch jeden Tag der Fall war, dann fabulierte er immer etwas von:

«Wenn wir mal in Rente sind, dann gehen wir auf Reisen».

In Wirklichkeit hat das aber niemals stattgefunden.

Ich hingegen träumte schon als kleiner Junge davon, irgendwann einmal die Pyramiden zu sehen oder die Chinesische Mauer aus der Nähe zu bestaunen.

Ich wollte der Freiheitsstatue in New York die Hand schütteln und mir die Strassen von San Francisco nicht nur im Fernsehen anschauen.

Tante Mechthild wusste offenbar von meiner brennenden Sehnsucht und schenkte mir zu Weihnachten einen prächtigen Bildband mit dem Titel: «Reise um die Welt».

Stundenlang blätterte ich darin herum und träumte von den fernen und exotischen Ländern, die darin auf herrlichen Hochglanzbildern vorgestellt wurden.

Doch statt eines Flugtickets, besass ich nur meine Fantasie und so schien mir der kleine Bahnhof von Frohen Hausen mit seinen irgendwo im nirgendwo, verschwindenden Zügen der ideale Ort dafür zu sein, um meinem Fernweh nachzuhängen und vom Reisen in die weite Welt zu träumen.

Ansonsten vertrieben wir uns die Zeit, indem wir am Güterbahnhof auf den abgestellten Waggons herumkletterten oder die zum Verladen bereitliegenden Zuckerrüben in Reih und Glied auf die Gleise legten, um dann dabei zuzusehen, wie diese von den durchfahrenden Zügen zu Mus zermalmt wurden.

Oft waren wir dabei nur wenige Zentimeter von den stromführenden Leitungen entfernt.

Das dabei nie einer von uns zu Tode gegrillt wurde, grenzt fast an ein Wunder.

Wir waren Kinder des Kalten Krieges, der damals noch, (und heute leider wieder) zwischen Ost und West herrschte.

Der Fliegerhorst im Nachbardorf erinnerte uns täglich daran, dass wir noch weit vom eigentlichen Frieden entfernt waren.

Jeden Tag donnerten die Düsenjäger des dort stationierten «Aufklärungsgeschwaders 51 Immelmann» über unsere Köpfe hinweg.

Der permanente Fluglärm gehörte zu unserem Alltag wie das morgendliche Zwitschern der Vögel.

Die Fliegergarnison zog uns Kinder magisch in den Bann. Wir pilgerten oft zur Start-, und Landebahn, um dort am

Zaun zu stehen und den Phantom-Düsenjägern beim Starten und Landen zuzuschauen.

Wir winkten den Piloten in ihren Plexiglaskanzeln zu und manchmal winkten sie sogar zurück.

Es roch nach Kerosin und Abgasen und wir spürten die Vibrationen in unserem Zwerch-, und Trommelfell, wenn die Jets mit ohrenbetäubendem Lärm direkt über unsere Köpfe hinwegflogen.

Vom Bahnhof in Frohen Hausen führte ein Nebengleis direkt zum Fliegerhorst.

Man musste also nur lange genug diesem Gleis folgen und kam dann automatisch an sein Ziel.

Unterwegs musste man eine kleine Eisenbahnbrücke überqueren und dabei auf den Schienen balancieren.

Einmal rutschte ich dabei ab und steckte nun mit einem Bein zwischen Gleis und Brückengeländer fest.

Aus der Ferne war plötzlich das schrille Pfeifen eines herannahenden Zuges zu hören.

Voller Panik versuchte ich mein festsitzendes Bein aus der engen Spalte zu ziehen und rubbelte mir dabei die Haut am Knöchel blutig.

Zum Glück löste sich dadurch mein Schuh vom Fuss und so schaffte ich es gerade noch rechtzeitig mich zu befreien und von der Brücke zu springen, ehe auch schon die kleine Rangierlokomotive pfeifend um die Ecke bog.

Ich landete unsanft im Graben unter mir und sah danach aus wie ein Schwein.

Dreckig war ich zudem auch noch.

Mein Knöchel tat höllisch weh, und ich hatte überall blutige Striemen.

Dennoch ging ich den Weg unbeirrt weiter.

Ein Indianer kennt schliesslich keinen Schmerz.

Bald darauf veranstaltete der «Fliegerhorst» einen Tag der offenen Tür. Ich fand den Namen Fliegerhorst sehr sympathisch und wollte unbedingt mit dabei sein.

Also machte ich mich gemeinsam mit Papa und meiner grossen Schwester Bärbel auf den Weg dorthin.

Es war Sonntag und die Menschen strömten zu Tausenden herbei, um diesem Spektakel beizuwohnen.

Der Militärflugplatz hatte sich eigens für diesen Tag herausgeputzt.

Man konnte sich die Flugzeuge und Einrichtungen in aller Ruhe anschauen und bekam von den Soldaten alles gezeigt und erklärt.

Im Grunde genommen warteten aber alle Besucher bereits gespannt und ungeduldig auf die unmittelbar bevorstehende Flugvorführung.

Wir standen an der Startbahn und warteten auf den Beginn der Flugshow.

Ausgerechnet jetzt musste ich zur Toilette.

Als ich wenige Minuten später vom Pipi machen zurückkam, hatte die Flugvorführung bereits angefangen und plötzlich säumten sich jetzt zigtausende Schaulustige entlang der Start-, und Landebahn.

In diesem Getümmel konnte ich weder meinen Vater noch meine Schwester wiederfinden.

Auweia, was nun?!

Ich lief an der undurchdringbaren Menschenmauer auf und ab, die sich entlang der Piste gebildet hatte, wusste aber, dass ich so nicht weiterkam.

In meiner Verzweiflung wandte ich mich nun hilfesuchend an einen uniformierten Soldaten.

Dieser brachte mich zu einem Mann mit einem Mikrofon und kurz darauf ging folgende Durchsage über den

Lautsprecher:

«Achtung, Achtung, der kleine Horst kann beim Bierbrunnen abgeholt werden, der kleine Horst bitte».

Dort wurde ich dann von Papa in Empfang genommen und so nahm dieser aufregende Tag doch noch ein glückliches Ende.

14

TV Total

Fernsehen war in den Siebziger-, und Achtzigerjahren noch eine ziemlich spektakuläre und spannende Angelegenheit.

Der Fernsehapparat im heimischen Wohnzimmer war das ultimative Massenmedium jener Zeit.

Vor dem Röhrenbildschirm versammelte sich oft die ganze Familie, um bei Limonade, Bier und Schnittchen gemeinsam das Programm zu verfolgen.

Die klotzig-klobigen Flimmerkisten dominierten die gute Stube und passten optisch mit ihrem meist dunkelbraunen Holzdekor hervorragend zur rustikalen Wohnwand in Eiche massiv.

Man hatte lediglich drei öffentlich-rechtliche Fernsehprogramme zur Auswahl, nämlich ARD, ZDF, und das jeweilige dritte Regionalprogramm.

Ähnlich wie bei einer Behörde waren auch die Sendezeiten.

Vormittags lief ausser dem Telekolleg meistens gar nichts.

Erst am späten Nachmittag startete das Kinderprogramm und um Mitternacht war nach den Spätnachrichten Feierabend.

Sendeschluss.

Dann kam nur noch das Testbild.

Rund um die Uhr Fernsehen, private TV-Sender oder gar Kabelfernsehen existierten zu dieser Zeit noch nicht.

Der Empfang war analog und erfolgte über eine terrestrische Antenne, die meistens irgendwo auf dem Dach montiert war.
Dieser Wald voller Dachantennen prägte vielerorts das Bild und verschwand erst nach der flächendeckenden Einführung des Kabelfernsehens in den Neunzigerjahren.
Je nach Wind und Wetterlage kam es dabei zu gelegentlichen Bild-, und Tonstörungen.
Anfangs schauten wir noch Schwarz-weiss in die Röhre und da es keine Fernbedienung gab, musste meistens ich als solche herhalten.
Als jüngster Spross in der Familie gehörte es automatisch zu meinen Aufgaben den Sender zu wechseln oder die Lautstärke zu regulieren.
«Mach mal lauter» oder «schalt mal um» lauteten die häufigsten Anweisungen, die man mir gab.
Als wir dann Mitte der Siebzigerjahre endlich auch einen Farbfernseher mit Fernbedienung bekamen, änderte sich das allerdings schlagartig.
Papa hatte nun nämlich die Lufthoheit über die Fernbedienung des Fernsehers inne und war somit der unangefochtene Programmdiktator.
Hier war der Mann noch Herr im Haus.
Wer nämlich die Macht über die Fernbedienung besass, war buchstäblich am Drücker und bestimmte was geschaut wurde und was nicht.
Zum Glück schlief er aber regelmässig vor der Glotze ein, sodass wir uns die Herrschaft über das Fernsehprogramm widerstandslos zurückerobern konnten.
Sonntags vor dem Mittagessen schauten wir die Sendung mit der Maus mit ihren Lach-, und Sachgeschichten und abends liefen Bonanza oder die Waltons:

«Gute Nacht John Boy»
«Gute Nacht Mary Ellen»
Am Nachmittag liefen Kindersendungen wie Kli-Kla-Klawitter, Rappelkiste oder das feuerrote Spielmobil.
Später kamen aus Amerika noch die Sesamstrasse und die Muppet Show dazu.
«Heidi» und «Die Biene Maja» waren die ersten animierten Comicserien aus Fernost.
Meine absoluten Lieblinge waren jedoch Captain Future, die Vorstadtkrokodile und natürlich Timm Thaler.
Die Geschichte von dem Jungen, der sein Lachen an den Teufel verkaufte, fesselte mich völlig und Captain Future war einfach viel cooler und erwachsener als die anderen Zeichentrickserien.
Bis zur nächsten Folge musste man immer eine ganze Woche lang warten und wer eine davon verpasst hatte, konnte nur darauf hoffen, dass diese irgendwann einmal wiederholt werden würde.
Die Welt bekamen wir von einem Kerl in Latzhosen erklärt, der in einem Bauwagen lebte.
Löwenzahn mit Peter Lustig war Bildungsfernsehen vom Feinsten und kein Vergleich zum heutigen KIKA - Schwachsinn.
Die alten Edgar Wallace Filme gabs trotzdem nur in Schwarz-weiss und liessen uns das Blut in den Adern gefrieren.
Miss Marple und der Kommissar lösten jeden Fall und in den USA jagte man die Gangster durch «Die Strassen von San Franzisco».
Beim Einsatz in Manhattan machte ein Lolli lutschender Glatzkopf den Verbrechern das Leben schwer.
Kojak war Kult und definitiv der coolste Cop von allen.

«Entzückend Baby!»

Anfang der Achtziger sorgte dann ein völlig neuer Typus von Tatort Kommissar für Furore.

«Horst Schimanski» war etwas noch nie Dagewesenes im öffentlich-rechtlichen Fernsehen und komplett anders als seine konservativen und oft langweiligen Vorgänger im steifen Trenchcoat.

Ich liebte ihn nicht nur wegen seines Vornamens.

Unterhaltungssendungen wie «Am laufenden Band» mit Rudi Carrell oder die «Peter Alexander Show», lockten am Samstagabend Millionen Menschen vor den Bildschirm.

Quizshows wie «Dalli-Dalli» oder «Der grosse Preis» waren regelrechte Strassenfeger und natürlich fanden wir Kinder Wum und Wendelin Super.

Bei «Aktenzeichen XY ungelöst» quengelten wir so lange, bis wir endlich auch zuschauen durften.

Obwohl wir uns vor lauter Angst fast in die Hosen machten.

Eng zusammengekauert lag ich mit meiner «grossen» Schwester Bärbel auf dem Fussboden vor dem Fernseher.

Jeder von uns hatte ein Kissen vor der Nase, jederzeit zum Griff bereit.

Immer wenn eine unheimliche Szene lief, kam von Mama das Kommando: «schaut weg!»

Dann hielten wir uns so lange das Kissen vors Gesicht, bis Mama der Meinung war, es sei jetzt wieder zumutbar für uns weiterzuschauen.

Wir schielten aber immer heimlich daran vorbei, um auch ja nichts zu verpassen.

Das mag zwar pädagogisch gesehen nicht unbedingt korrekt gewesen sein, aber spannend fanden wir es trotzdem.

Vor dem Schlafen gehen schaute ich dann allerdings immer unterm Bett nach, ob sich dort nicht doch noch einer der gesuchten Bösewichte versteckte.

Die Reklame lief zu genau festgelegten Zeiten vor oder nach einer Sendung und kam nicht einfach mittendrin.

Die Werbefiguren kannten wir alle mit ihren Namen und irgendwie gehörten sie fast schon zur Familie.

So zum Beispiel Clementine aus der Waschmittelwerbung, die uns in ihren weissen Latzhosen das weisseste Weiss aller Zeiten versprach oder Frau Sommer, die zwar eine Föhnwelle wie aus einem Pornofilm trug, aber offenbar Jakobs Kaffee für die Krönung hielt.

Herr Kaiser von der Hamburg-Mannheimer gehörte ebenso dazu, wie der Melitta Mann und wenn der Tag ging, kam Johnny Walker.

Zwischen den Werbespots liefen die Mainzelmännchen oder «s`Äffle & Pferdle» sangen uns den Hafer-, und Bananen Blues.

Haribo machte auch damals schon die Kinder froh und ich wollte unbedingt genauso einen Teddybären haben, wie den aus der Bärenmarke Werbung.

«Otto» sorgte Deutschlandweit für Lachanfälle und Didi Hallervorden machte «Nonstop Nonsens».

Wir konnten alle Sketche auswendig und spielten sie auf dem Schulhof nach:

«Palim, Palim, ich hätte gerne eine Flasche Pommes Frites».

Klimbim machte Klamauk und Loriot brachte uns das Jodeldiplom.

Natürlich war im direkten Vergleich zu heute die Bild-, und Tonqualität viel primitiver als bei einem modernen HDTV.

Doch dafür war das Programm um Welten besser und wesentlich interessanter und abwechslungsreicher als heute.

Es entbehrt nicht einer gewissen Ironie, dass Inhalt und Qualität des Programms proportional zur besser gewordenen Technik der Geräte und der Anzahl der verfügbaren Sender überdurchschnittlich stark abgenommen haben.

Oder mit anderen Worten:

Technik Top - Inhalt Flop. Quantität statt Qualität.

Heute ist das Fernsehprogramm oftmals genau so flach wie das Gerät.

Wer bei den nachmittäglichen Trash Talkshows in den Neunzigerjahren glaubte, der kulturelle Tiefpunkt sei bereits erreicht, wird heute eines Besseren belehrt.

Man kann zwar aus einer schier unüberschaubaren Vielzahl von verschiedenen Kanälen wählen, aber bekommt eigentlich überall nur das gleiche serviert.

Es wird nur noch gebrüllt, gepöbelt und gepoppt.

Da werden Frauen getauscht und Nachbarn verklagt.

Paare verkuppelt und Känguruhoden verzehrt.

Vor allem aber wird auf allen Kanälen gekocht, gekocht und nochmals gekocht.

Die Leute sitzen zuhause vor ultraflachen Bildschirmen und schauen in High Definition irgendwelchen Starköchen beim Zubereiten einer Mahlzeit zu, während sie sich dabei gerade eine Fertigpizza aus der Mikrowelle einverleiben.

Verkehrte Welt.

Mitte der Siebzigerjahre lief dann im Vorabendprogramm der ARD eine Fernsehserie, die mein zukünftiges Leben entscheidend prägen sollte.

«Notarztwagen 7» fesselte mich vom ersten Augenblick an und sorgte dafür, dass ich unbedingt einmal «Krankenwagenfahrer» werden wollte.

139

Um diesem Ziel ein wenig näher zu kommen, trat ich mit zwölf Jahren dem örtlichen Jugendrotkreuz bei.

Dort lernte ich dann nicht nur Erste Hilfe, sondern auch viele neue Leute kennen.

Für den guten Zweck sammelten wir gemeinsam Geld, getragene Kleider und stapelweise Altpapier, wobei ich das Bündel Pornohefte vor dem katholischen Pfarrhaus nicht unerwähnt lassen möchte.

Doch das nur am Rande.

Inzwischen wurde das klassische Fernsehen vom Internet als Massenmedium abgelöst.

Auf YouTube, TikTok, Instagram und Co, kann sich jeder selbst in Szene setzen oder findet bei Netflix garantiert ein Programm nach seinem Geschmack.

Fast jeder streamt und guckt für sich allein und so ist das verbindende Gemeinschaftserlebnis vor der heimischen Glotze, grösstenteils Geschichte geworden.

Schade eigentlich.

15

«Es kann der Frömmste nicht in Frieden leben, wenn es
dem bösen Nachbarn nicht gefällt».

Die Schmidts waren unsere direkten Nachbarn und
wohnten praktisch Tür an Tür auf dem gleichen Stockwerk
wie wir.
Sie hatten ebenfalls vier Kinder, von denen die beiden
ältesten aber bereits ausgezogen waren.
Herr Schmidt war ein alter Kalikumpel und Saufkumpan
von Papa.
Wenn dieser jedoch betrunken nach Hause kam, flogen
buchstäblich die Fetzen und gelegentlich auch schon mal
Teile des Mobiliars zum offenen Fenster hinaus.
Im Gegensatz zu Papa hatte Herr Schmidt noch dichtes,
schwarzes Haar, dick wie Lakritzstangen.
Eine Strähne hing ihm immer mitten ins Gesicht und
wippte bei jedem seiner Schritte auf und ab.
Zusammen mit seinem dunklen Teint und dem schwarzen
Schnurrbart unter der Nase, verlieh ihm das ein
verwegenes Äusseres.
Er glich einem dieser mexikanischen Pistoleros, wie man
sie aus Wildwestfilmen kannte.
Lange vor allen anderen im Haus besassen die Schmidts
bereits ein Auto, worum ich sie insgeheim beneidete,
nämlich einen für damalige Verhältnisse ziemlich teuren,
aber todschicken Ford Konsul in Quietscheentchen gelb

mit schwarzem Dach.

Obwohl Herr Schmidt auch nur ein einfacher Arbeiter war, lebte er gerne auf grossem Fuss.

Nach der Schliessung des Kalibergwerks hatte er eine Anstellung in einer Fabrik für Autobatterien gefunden.

Frau Schmidt hatte hingegen ein eher schlichtes Gemüt.

Sie war sehr korpulent und hatte ebenfalls pechschwarzes Haar, welches wirr in alle Richtungen abstand.

Aufgrund ihrer Leibesfülle bewegte sie sich meistens nur sehr langsam und fast schon wie in Zeitlupe.

Seit einem Unfall hatte sie nur noch ein Auge und wirkte Aufgrund dieses körperlichen Makels sehr unheimlich und bedrohlich auf mich.

Vielleicht lag das aber auch daran, weil sich Frau Schmidt regelmässig mit meiner Mama stritt und ihr das Leben schwer machte.

Wenn meine Mutter nämlich das Treppenhaus putzte, kam es hin und wieder vor, dass Frau Schmidt urplötzlich aus ihrer Wohnung geschossen kam und sie verbal und auch körperlich Angriff.

Einmal riss sie ihr sogar ein Büschel Haare aus.

Dieses Verhalten entbehrte jeder Grundlage und setzte nicht nur meiner Mutter ordentlich zu.

Offenbar suchte Frau Schmidt einen Sündenbock für die Sauf-, und Sexeskapaden ihres Mannes.

So wurde meine Mutter von ihr grundlos als Hure und Schlampe beschimpft, während

Sie unter anderem damit drohte, zum Beispiel mich oder eines meiner Geschwister vor ein fahrendes Auto zu schuppsen.

Vielleicht gab sie uns aber auch indirekt die Schuld am Tod ihres ältesten Sohnes, der einige Jahre zuvor von einem Auto überfahren worden war, während er mit meinen älteren Geschwistern draussen auf der Strasse spielte.

Um diesen unausgesprochenen Vorwurf noch zu bekräftigen, demolierte sie bei jeder sich bietenden Gelegenheit unseren Briefkasten oder schleuderte mit steter Regelmässigkeit die Fussmatte vor unserer Wohnungstür einmal quer durchs Treppenhaus.

Diese verstörenden Vorfälle zogen zwar eine gerichtliche Auseinandersetzung nach sich, bei der Frau Schmidt schuldig gesprochen und zu einer Geldstrafe verdonnert wurde, änderten aber prinzipiell nichts an ihrem Verhalten.

Ungeachtet dessen, waren Michael, der jüngste Spross der Schmidts, und ich, dicke Freunde.

Wir verbrachten oft den ganzen Tag miteinander und spielten gemeinsam, entweder draussen oder bei schlechtem Wetter drinnen, aber dann nur im Treppenhaus und mit geöffneten Wohnungstüren.

Nur ab und zu wagte ich mich in die Höhle des Löwen.

Wenn ich die Wohnung von Familie Schmidt betrat, hatte ich immer ein mulmiges Gefühl dabei.

Doch wider Erwarten behandelte mich Frau Schmidt stets korrekt und kümmerte sich mehr oder weniger nur um ihren Haushalt.

Wie alle Hausfrauen dieser Zeit trug sie immer eine dieser Kittelschürzen mit Blumenmuster.

Sie dagegen roch meistens nach Achselschweiss.

Wie bei den meisten anderen im Haus, stand auch bei den Schmidts die Waschmaschine direkt in der Küche neben dem Spülbecken.

Offenbar war diese aber nicht so schwer und robust gebaut wie unser „AEG Lavamat Elektronik", denn bei jedem Schleudergang machte sich das Ding selbstständig und hüpfte, wie von Geisterhand bewegt durch die Küche.

Das schien mir lange Zeit auch die einzig plausible Erklärung dafür zu sein, warum sich Frau Schmidt jedes Mal breitbeinig auf die Waschmaschine setzte, sobald diese zu schleudern begann.

Erst sehr viel später wurde mir bewusst, dass dies vielleicht auch noch andere Gründe gehabt haben könnte. Schliesslich bekam hier der Begriff:

«Sich einen schleudern»

eine völlig neue Bedeutung!

Jedenfalls werde ich den Anblick von Frau Schmidt nie mehr vergessen, wie sie da so rüttelnd und schüttelnd mit verzücktem Gesicht auf ihrer Waschmaschine sass.

Genauso wenig wie jenen Samstagabend, als Herr Schmidt plötzlich an unserer Wohnungstür klingelte.

Meine Mutter bereitete in der Küche gerade das Abendbrot zu, als ich ihm völlig nichtsahnend die Tür öffnete.

„Ist der Erwin da?»

fragte er mich ohne grosse Umschweife.

Herr Schmidt schwankte und wankte hin und her und musste sich im Türrahmen festhalten, um nicht hinzufallen. Ganz offensichtlich war er mal wieder sturzbetrunken.

Mein Vater lag derweil ebenfalls volltrunken auf dem Sofa im Wohnzimmer und schlief dort seinen Rausch aus.

Ich rüttelte ihn kräftig an der Schulter und nur mit Mühe gelang es mir ihn wachzukriegen.

„Papa, Papa, Herr Schmidt ist da und will was von dir".

„Was ist los?" brummte mein Vater unwirsch und fuhr erschrocken hoch.

Er fuhr sich mit der Hand durch sein schütteres Haar und

musste sich offenbar erst einmal zurechtfinden.
„Herr Schmidt will was von Dir!»
wiederholte ich nachdrücklich.
Jetzt schien er allmählich zu begreifen.
Er erhob sich schwerfällig vom Sofa und ging
schwankenden Schrittes in Richtung Wohnungstür.
Neugierig folgte ich ihm nach.
„Was gibt`s denn Heinz?»
fragte Papa Herrn Schmidt zur Begrüssung.
„Erwin, ruf die Polizei!
Ich habe meine Alte kaputt gemacht!"
lallte dieser mit glasigem Blick und schwerer Zunge.
„Was ist los?"
fragte mein Vater mit ungläubigem Staunen.
„Ich habe meine Alte hin gemacht, hab ihr die Kehle
durchgeschnitten"
wiederholte Herr Schmidt seelenruhig.
„Menschenskind Heinz, erzähl doch keinen Blödsinn!»
entgegnete mein Vater sichtlich erschrocken.
«Doch, sie liegt in der Küche, du kannst sie dir anschauen"
fügte Herr Schmidt lallend hinzu.
„Nö Heinz, lieber nicht!" winkte mein Vater ab.
Diese schockierende Nachricht hatte ihn offenbar
schlagartig nüchtern werden lassen.
Mir lief es bei Herrn Schmidts Worten eiskalt den Rücken
hinunter und auch meiner Mutter war vor lauter Schreck
die Farbe aus dem Gesicht gewichen.
Die Kloses unter uns waren zu dieser Zeit die einzigen im
Haus mit einem Telefon.
Immer noch völlig geschockt, lief meine Mutter jetzt nach
unten und bat Frau Klose darum die Polizei zu
verständigen.

Herr Schmidt schwankte unterdessen zurück in seine Wohnung und schloss die Tür hinter sich.

Gespannt warteten wir nun alle auf die Ankunft der Polizei.

Bald darauf hielt ein Streifenwagen der Polizei und ein Rettungswagen des Roten Kreuzes vor dem Haus an.

Die Polizisten und Rettungssanitäter kamen die Treppe nach oben und wurden von Herrn Schmidt in die Wohnung gelassen.

Dann blieb es eine ganze Weile buchstäblich totenstill.

Irgendwann hielt meine Mutter die nervliche Anspannung nicht mehr länger aus, und presste ihr Ohr gegen die Küchenwand, um horchen zu können, was dort drüben bei den Schmidts gerade vor sich ging.

Plötzlich meinte sie:

«Ich hör sie doch lachen!

Das ist doch Frau Schmidt die da lacht!"

Unsere Nerven lagen Blank und waren bis zum Zerreissen gespannt.

Dann war es wieder mucksmäuschenstill.

Kurz darauf rückten die Polizei und der Rettungsdienst unverrichteter Dinge wieder ab.

Wir waren alle völlig verstört und eingeschüchtert und wagten es nicht weiter nachzufragen, was denn dort jetzt eigentlich genau passiert sei.

Das restliche Wochenende verbrachten wir in völliger Ungewissheit.

Am darauffolgenden Montag prahlte dann Herr Schmidt an seinem Arbeitsplatz damit, wie er uns und die ganze Nachbarschaft «ganz schön auf Trab gebracht hätte».

Offensichtlich fand er diese geschmacklose und makabre Aktion wahnsinnig witzig.

Wir anderen Hausbewohner hingegen eher weniger.

Manche Menschen haben eben eine sehr seltsame Auffassung von Humor.

Was jedoch in Wirklichkeit an jenem Abend zwischen Herrn und Frau Schmidt vorgefallen ist, haben wir bis zum heutigen Tag nie erfahren.

Einige Zeit später zog Herr Schmidt dann zu seiner Geliebten nach München und nahm auch meinen Freund Michael mit.

Frau Schmidt tröstete sich derweil mit einem jungen Schäferhund über den Verlust ihres Gatten hinweg.

Leider hatte sie das temperamentvolle Tier genauso wenig im Griff, wie ihr restliches Leben und so dauerte es auch nicht lange, bis der Schäferhund bald das ganze Haus terrorisierte.

Wir trauten uns schliesslich kaum noch die Wohnung zu verlassen, weil wir in ständiger Angst davor lebten, Frau Schmidt und ihrem bissigen Köter im Treppenhaus zu begegnen.

Wenn man die beiden zusammen sah, fragte man sich unwillkürlich, wer hier eigentlich mit wem Gassi ging?

Frau Schmidt liess sich von ihrem Schäferhund „Chico" aber nicht nur an der Leine herumführen, sondern es machte vielmehr den Anschein, als hätte der Hund auch noch eine ganz andere Rolle im Haus übernommen.

Herr Klose war ein leidenschaftlicher Hobbygärtner und verbrachte viel Zeit in seinem riesigen Schrebergarten hinter dem Haus.

Von diesem hatte er einen direkten Blick auf die kleinen überdachten Lauben und somit auch auf die dort befindlichen Toiletten.

Herr Klose beobachtete nun des Öfteren, wie Frau Schmidt während der vermeintlichen Verrichtung ihrer Notdurft die

Toilettentür öffnete und mit lieblicher Stimme nach ihrem Hund rief:

«Komm Chico, komm".

Den Rest kann, oder vielmehr mag man sich nicht wirklich vorstellen.

Es geht eben nichts über eine raue Hundezunge.

Vielleicht war aber auch nur Frau Schmidts Waschmaschine kaputtgegangen?

Einige Zeit später machte dann das Gerücht die Runde, dass die Geliebte von Herrn Schmidt unter mysteriösen Umständen in der Badewanne ihrer Münchner Wohnung, zu Tode gekommen sei.

Er hatte zu diesem Zeitpunkt offenbar mal wieder sinnlos betrunken auf dem Sofa im Wohnzimmer gelegen.

Herr Schmidt landete daraufhin in Untersuchungshaft.

Doch eines Tages stand er plötzlich wieder in Frohen Hausen vor der Tür seiner noch Ehefrau und bat diese reumütig um Verzeihung.

Tatsächlich nahm sie ihn wieder bei sich auf und eine ganze Zeitlang schien es fast so aus, als wären die beiden frisch verliebt.

Man sah sie nur noch turtelnd und Händchen haltend durch die Gegend laufen und „Schätzchen hier und Liebling da" rufen, bis eines schönen Tages dann wieder die Fetzen flogen.

Bald darauf trennten sie sich endgültig und zogen weg.

Frau Schmidt endete als Sozialfall in einer Notunterkunft und von Herrn Schmidt und meinem Freund Michael habe ich nie wieder etwas gehört.

16

Feuer unterm Dach

Der dritte November Neunzehnhundertneunundsiebzig war
zunächst ein völlig normaler Samstag, wie jeder andere
auch.
Papa lag betrunken auf dem Sofa und schlief seinen
Rausch aus, während Mama die ganze Wohnung auf
Hochglanz polierte.
Im Anschluss backte sie noch einen Kuchen für den
Sonntagnachmittagskaffee.
Nur bei den Kloses im Erdgeschoss ging es gerade hoch
und her.
Dort feierte nämlich die älteste Tochter ihre Verlobung.
Die Wohnung war voller Gäste und es wurde gesungen
und getanzt.
Am Abend wollten meine beiden ältesten Geschwister
noch zum Schwofen in die Dorfdisco gehen und hatten
sich zu diesem Zweck mit einigen anderen aus ihrer Clique
verabredet.
Mein Bruder ging am späten Nachmittag noch schnell
einen Freund besuchen und wollte dann pünktlich um halb
acht wieder zuhause sein, um meine Schwester abzuholen.
Wir sassen gerade gemütlich in der Küche beim
Abendbrot, als es plötzlich in der Wohnung meines
Bruders über uns polterte.
Also nahm meine Schwester an, dass dieser inzwischen
zurückgekehrt sei und ging nach oben, um nachzusehen.

Doch nur wenige Augenblicke später kam sie ganz aufgeregt zurück in die Küche gestürzt und rief:
«Schnell, ich glaub da oben brennt`s!"
„Was?!"
rief meine Mutter erschrocken.
„Ja, die Glasscheibe in der Tür ist schon ganz schwarz und dahinter hört man es knistern"
bekräftigte sie ihre Aussage.
Mein Vater war inzwischen wieder halbwegs nüchtern und lief mit dem Schlüssel in der Hand die Treppe nach oben, um sich der Sache anzunehmen.
Neugierig ging ich ihm hinterher.
Als er den Schlüssel ins Schloss steckte und die Wohnungstür nur eine Handbreit öffnete, schlug ihm sofort dicker, schwarzer Qualm entgegen.
„Scheisse!»
fluchte er laut.
«Lauf schnell runter zu Frau Klose und sag ihr, sie soll die Feuerwehr rufen!"
befahl er mir.
Die Kloses waren nach wie vor die einzigen im Haus mit einem Telefon.
Ich tat wie mir befohlen und rannte so schnell ich konnte die Treppe hinunter ins Erdgeschoss.
Auf halbem Weg wurde es plötzlich stockdunkel im Treppenhaus und um ein Haar wäre ich hingefallen.
Jetzt musste ich mich in absoluter Finsternis Stufe für Stufe vorwärts tasten.
Endlich stand ich unten vor der Wohnungstür von Familie Klose und drückte hektisch auf den Klingelknopf, doch es tat sich erst mal gar nichts.
Allem Anschein nach war im ganzen Haus der Strom

ausgefallen und ohne Strom, gab`s keinen Ton.

Hinter der geschlossenen Wohnungstür von Familie Klose ging die Verlobungsfeier trotz Stromunterbruch unbeirrt weiter und trieb nun ihrem vermeintlichen Höhepunkt entgegen.

In meiner Not trommelte ich verzweifelt mit den Fäusten gegen die Tür, doch drinnen war es so laut, dass mich niemand hörte.

Erst nach einer gefühlten Ewigkeit ging endlich die Tür auf und ich wurde mit grossem Gegröle und Gejohle empfangen.

Die noch völlig ahnungslose Verlobungsgesellschaft war inzwischen auf romantisches Kerzenlicht umgestiegen und fand den Stromausfall offenbar höchst amüsant.

Das änderte sich auch nicht als ich nun ganz aufgeregt:

„Es brennt, es brennt!"

in die feiernde Menge rief.

Zunächst erntete ich nur ungläubige Blicke und schallendes Gelächter.

Offenbar hielten das alle für einen schlechten Scherz.

Es dauerte eine Weile, bis die sichtlich angetrunkenen Gäste endlich begriffen worum es eigentlich ging und meinen Worten nun die nötige Aufmerksamkeit schenkten.

Unter den Feiernden befand sich auch ein Angehöriger der Freiwilligen Feuerwehr von Frohen Hausen.

Der sah nun seine grosse Stunde gekommen und wollte der Angelegenheit fachmännisch auf den Grund gehen.

Selbstverständlich war er auch schon sturzbetrunken.

Mit Taschenlampen und brennenden Kerzen in der Hand folgte mir ein Teil der Festgesellschaft nach oben in den dritten Stock.

Frau Klose hatte sogar noch schnell eine Waschschüssel

mit kaltem Wasser befüllt, um damit einen beherzten Löschversuch unternehmen zu können.

Das Ergebnis beim zweiten Öffnen der Wohnungstür war exakt dasselbe wie schon beim ersten Mal.

Die Erkenntnis daraus auch:

«Schnell, schnell, Feuerwehr, Feuerwehr!"

Endlich griff Frau Klose zum Telefon, um die Feuerwehr zu alarmieren, doch der verdammte Apparat funktionierte nicht.

Im Zuge dessen wollte nun einer der angetrunkenen Verlobungsgäste mit seinem Opel Kadett C zum nächsten Feuermelder im Oberdorf fahren, um dort auf den Auslöseknopf für die Sirene zu drücken.

Doch irgendwie schien sich gerade alles gegen uns verschworen zu haben, denn das Auto sprang einfach nicht an.

Erst als sich einige Männer zusammentaten und die Kiste anschoben, sprang der Motor endlich an und der Fahrer fuhr mit quietschenden Reifen davon.

Mittlerweile stand ich mit meiner Schwester Anita auf der gegenüberliegenden Strassenseite und blickte die Hausfassade nach oben.

Die Nacht war bitterkalt und sternenklar.

Aus jeder Ritze im Dach schien der Rauch hervorzuquellen und dort, wo sich normalerweise das Schlafzimmer meines Bruders befand, schlugen lodernde Flammen aus dem Fenster.

Zu diesem Zeitpunkt war noch nicht auszuschliessen, dass er sich eventuell doch noch in der Wohnung aufgehalten hatte.

Während wir also vor lauter Kälte und Aufregung zitterten, wie Espenlaub kam ein Mann mit seinem Fahrrad des

Weges.

Er hielt direkt vor uns an, um offensichtlich herauszufinden warum wir hier nur spärlich bekleidet in der Kälte standen und die Hauswand hochstarrten.

Er folgte stumm unseren Blicken, sah die Bescherung und rief erschrocken:

«Da oben brennt`s!"

„Ja, wissen wir schon!"

gaben Anita und ich unisono zurück.

Er schwang sich wieder auf seinen Drahtesel und radelte im Affentempo davon.

Just in diesem Moment begannen endlich die Sirenen zu heulen.

Nachdem uns die Zeit bis dahin schier endlos erschienen war, ging es nun rasend schnell.

Nur wenige Augenblicke später war bereits das Tatütata der anrückenden Feuerwehr zu hören.

Zeitgleich und mindestens genauso schnell traf eine ganze Heerschar von Schaulustigen bei uns ein, die sich diese spannende und kostenlose Samstagabendunterhaltung natürlich auf gar keinen Fall entgehen lassen wollte.

Bald kursierten auch schon die wildesten Gerüchte über eine mögliche Brandursache.

Da war dann plötzlich von explodierenden Öfen und implodierenden Fernsehern die Rede.

Andere wiederum vermuteten gar böswillige Brandstiftung.

Die Feuerwehr evakuierte nun das ganze Haus und leitete einen Löschangriff von zwei Seiten ein.

Ein Trupp kämpfte sich durch das Treppenhaus nach oben, während ein zweiter mittels einer angelehnten Leiter von aussen durch ein Fenster im Dachgeschoss einstieg.

Auf einmal erschien mein Bruder auf der Bildfläche und

versuchte noch ins Haus zu gelangen, um ein paar seiner Habseligkeiten vor den Flammen zu retten.

Doch vergebens, er wurde zum Glück von der Feuerwehr zurückgehalten.

Auch Herr Feist, der feiste Hausbesitzer, stand urplötzlich samt seiner Gattin im Pelzmantel auf der Matte und sorgte sich um seinen Besitz.

Es machte jedenfalls nicht den Anschein, als ob ihn das Schicksal der betroffenen Menschen sonderlich interessieren würde.

Als der Spuk vorbei und das Feuer gelöscht war, verschwanden die Gaffer genauso so rasch wie sie gekommen waren.

Wir konnten bald darauf zurück in unsere Wohnung oder vielmehr in das, was davon übriggeblieben war.

Mein Zimmer lag direkt unter dem Brandherd und hatte deshalb am meisten Löschwasser abbekommen.

Jetzt regnete es buchstäblich Bindfäden von der Zimmerdecke herab und alles, was sich darunter befunden hatte war völlig durchnässt und aufgeweicht.

Meine geliebten Bücher waren nur noch ein matschiger Brei und mein heissgeliebter Teddybär war dank seines Innenlebens aus Stroh komplett aufgequollen und auseinandergeplatzt.

Ein herbeigerufener Elektriker hatte zwischenzeitlich für Strom gesorgt und so hatten wir wenigstens wieder Licht im Haus.

Mama versuchte mit dem Wischmopp und einem Eimer das Wasser in der Wohnung aufzunehmen und kochte Kaffee für alle.

Währenddessen lösten sich immer wieder grosse Bahnen der Raufasertapete von der Decke ab und fielen klatschend zu Boden.

Mein Bruder hatte durch den Brand alles verloren und besass sprichwörtlich nur noch die Kleider, die er am Leibe trug.

Sofort setzte eine Welle der Hilfsbereitschaft ein und wir bekamen von allen Seiten Schlaf-, und Unterkunftsmöglichkeiten angeboten.

Meinem Bruder wurde von wildfremden Leuten sogar Geld gespendet.

Da mein Zimmer durch das Löschwasser auch völlig unbewohnbar geworden war, schlief ich nicht nur in dieser, sondern auch in allen darauffolgenden Nächten auf dem Sofa im Wohnzimmer.

Dort hatte es zwar auch einen grossen feuchten Fleck an der Decke gegeben, aber insgesamt war unsere Wohnung noch halbwegs bewohnbar geblieben.

Die Kloses hatten sich von dem kleinen Zwischenfall nicht die Feierlaune verderben lassen und machten nun unbeirrt und munter weiter, während die Feuerwehr eine komplette Löschmannschaft als Brandwache zurückliess.

Um der klirrenden Kälte zu trotzen, wurde diese nun von der Verlobungsgesellschaft mit reichlich Bier und Schnaps versorgt, so dass ich berechtigte Zweifel daran hege, ob diese Löschtruppe im Fall der Fälle noch in der Lage gewesen wäre, den Schlauch gerade zu halten.

Ungeachtet dessen war ich trotzdem heilfroh darüber, tat aber in dieser Nacht vor lauter Aufregung sowieso kein Auge mehr zu.

Bei jedem Geräusch zuckte ich zusammen und lauschte in die Dunkelheit, ob es vielleicht wieder irgendwo brennen könnte.

Am Montag darauf war ich in der Schule der Held des

Tages.

Alle wollten jetzt ganz genau von mir wissen, was es denn mit dem Feuer auf sich hatte und da mein Geschäftssinn schon damals ziemlich ausgeprägt war, bot ich nun gegen einen Obolus von 50 Pfennigen, Führungen durch die ausgebrannte Wohnung meines Bruders an.

Die war zwar mit einem rotweissen Absperrband polizeilich gesperrt worden, aber das machte es nur noch spannender und erhöhte den Reiz.

Im ganzen Haus roch es nach Russ und Rauch und überall muffelte es feucht und modrig.

In meinem Zimmer hätte man Problemlos eine Champignonzucht eröffnen können.

Die Wände und die Decke waren voller Schimmelpilze, die in allen Farben und Formen leuchteten.

Irgendwo anders zu wohnen, wäre uns aber nie in den Sinn gekommen.

Meine Schwester Bärbel kam bei Nachbarn unter und mein Bruder bei Freunden.

Es dauerte fast ein halbes Jahr, bis die Untersuchungen zur Brandursache abgeschlossen waren und endlich mit der Renovierung der betroffenen Wohnungen begonnen werden konnte.

Die Gebäudeversicherung hatte offenbar eine ordentliche Summe bezahlt, denn Herr Feist holte nun zu einem Rundumschlag aus.

Wir bekamen endlich eine Zentralheizung und eine richtige Dusche «spendiert».

Hierfür wurde eine kleine Ecke in der Küche abgetrennt.

Das war zwar immer noch kein richtiges Badezimmer, aber immerhin hatten wir jetzt eine Dusche.

Mit dreizehn Jahren konnte ich so zum ersten Mal in

meinem Leben warm duschen.

Was für ein herrliches Gefühl!

Im Zuge dieser Renovierungsarbeiten durfte ich mir auch eine Farbe für mein neues Zimmer aussuchen und wählte ein damals angesagtes Rostrot.

Doch der Malermeister meinte nur das sei zu dunkel für den kleinen Raum und empfahl mir stattdessen ein helleres Rot zu wählen.

Zähneknirschend stimmte ich zu und liesss den Malermeister schliesslich gewähren.

Als ich dann eines Tages voller Vorfreude auf mein neues Zimmer von der Schule nach Hause kam, traf mich fast der Schlag.

Statt der gewünschten Farbe war es tatsächlich schweinchenrosa geworden!

Ich traute meinen Augen nicht.

Doch nach all den Monaten, die ich nun schon auf dem Sofa im Wohnzimmer geschlafen hatte, war ich nur noch froh darüber, endlich wieder ein eigenes Zimmer zu haben und in einem richtigen Bett schlafen zu können.

17

Erwin

Wie konnte es mit der Generation meiner Eltern nur so weit kommen?

Lag es vielleicht an den Traumata des zweiten Weltkrieges und der ideologischen Verblendung durch die Nazis?

Soffen und rauchten sie, um all das zu vergessen oder ihr schlechtes Gewissen zu beruhigen?

Im Grunde genommen gehörten sie doch trotz aller Entbehrungen zu den Gewinnern der Nachkriegsjahre und des sogenannten Wirtschaftswunders.

Was wurde aus ihren eigenen Träumen, Wünschen und Sehnsüchten?

Werfen wir einen Blick auf die Biografie meiner Eltern, um dieser Frage vielleicht ein wenig mehr auf den Grund zu gehen.

Mein Vater wurde am 16. Juli 1928 als Erwin Alfred Kurz in Frohen Hausen geboren.

Er war das älteste von vier Kindern und wuchs in einfachen Verhältnissen auf.

Schon sein Vater, also mein späterer Opa Alfred, arbeitete damals im selben Kali-, und Salzbergwerk wie Jahre später er selbst.

Doch bis dahin sollte noch so einiges an Zeit und ein ganzer zweiter Weltkrieg vergehen.

Opa Alfred regierte mit eiserner Hand und strenger Härte und statt Liebe gab es meistens nur Hiebe.

Selbst zu uns, seinen Enkelkindern, war er immer nur schroff und abweisend.

Wärme und Geborgenheit erfuhr mein Vater lediglich von seiner Mutter, die aber ebenfalls unter der Tyrannei und Untreue ihres jähzornigen Ehegatten zu leiden hatte.

Nach Beendigung der Volksschule begann mein Vater eine Lehre als Bäcker.

Als er in der Bäckerei einmal einen überzeugten Nazi versehentlich mit «Guten Morgen» statt «Heil Hitler» begrüsste, wurde er von diesem geohrfeigt und gefragt, «ob er denn nicht den Deutschen Gruss kenne?»

Im Herbst 1944 wurde er im Alter von nur sechzehn Jahren als Luftwaffenhelfer zur Wehrmacht eingezogen.

Man verfrachtete ihn mit einem Zug nach Norddeutschland, wo sie ihn fortan mit einer Flak auf die Bomberverbände der Alliierten schiessen liessen.

Eines Nachts schossen sie während einem Luftangriff einen amerikanischen Lancaster Bomber ab.

Diese fliegenden Festungen verfügten in der Regel über zehn Mann Besatzung.

Am Morgen danach zeigte man den blutjungen Soldaten das ausgebrannte Wrack mit den verkohlten Leichen darin.

Man klopfte ihnen anerkennend auf die Schultern und hängte jedem mit den Worten:

«Der Führer ist stolz auf euch!»

einen Orden an die Brust.

Seit diesem Tag hat mein Vater keine Nacht mehr richtig geschlafen.

Das Kriegsende erlebte er mit einer Lungenentzündung im Lazarett und anschliessend in englischer Kriegsgefangenschaft.

Dort diente er bis zu seiner Entlassung einem englischen

Offizier als «Best Boy» und Stiefelputzer.

Als er aus der Kriegsgefangenschaft nach Hause zurückkehrte, begegnete ihm am Frohen Hausener Bahnhof ausgerechnet jener Nazi, der ihn einst geohrfeigt hatte und grüsste meinen Vater freundlich mit: «Grüss Gott».

So mancher hatte über Nacht plötzlich seine Gesinnung gewechselt, wie andere Leute ihr schmutziges Hemd.

Am liebsten hätte ihm mein Vater die Ohrfeige von damals zurückgezahlt.

Er hielt sich dann aber doch vornehm zurück.

Seine Mutter war inzwischen unheilbar an Tuberkulose erkrankt und Papa pflegte sie noch bis zu ihrem Tod im Jahre 1948.

Opa Alfred ging in dieser Zeit lieber seinen Affären nach und heiratete später sogar eine davon.

So wurde aus der Stiefschwester meines Vaters über Nacht seine Stiefmutter.

Schliesslich beendete er seine angefangene Bäckerlehre und lernte bei dieser Gelegenheit auch noch Hilde, meine spätere Mutter, kennen.

1953 heirateten die beiden und zwei Jahre später kam das erste Kind zur Welt.

Der kinderlose Bäckermeister bot ihm an das Geschäft zu übernehmen aber mein Vater lehnte dies aus Angst vor der Verantwortung ab.

Stattdessen wechselte er jetzt lieber von der Mehlverarbeitung zur Salzgewinnung und trat in den Bergbau ein.

Dort arbeitete er dann 25 Jahre lang als Bergmann unter Tage und anschliessend bis zu seiner Pensionierung in einer Bonbonfabrik.

An seinem 73. Geburtstag klagte mein Vater über starke Schluckbeschwerden.
Die ärztliche Untersuchung ergab ein metastasierendes Oesophagus-Karzinom.
Der Speiseröhrenkrebs hatte schon überall gestreut und war vermutlich seinem jahrelangen und exzessiven Alkohol-, und Tabakkonsum geschuldet.
Um ein weiteres zuwuchern der Speiseröhre zu verhindern, legte man ihm einen sogenannten Stent in den Oesophagus ein.
Leider verletzte man dabei seinen Stimmritzennerv, was zur Folge hatte, dass mein Vater fortan nur noch mit heiserer Stimme sprechen konnte.
Der inoperable Tumor hatte sich bereits im ganzen Körper ausgebreitet und so sah man von weiteren sinnlosen Therapieversuchen ab.
Von nun an lebte mein Vater nur noch von geborgter Zeit.
Man konnte praktisch mitansehen, wie sich sein Zustand von Tag zu Tag verschlechterte.
Er konnte nicht mehr richtig essen und nahm deshalb immer mehr ab.
Am Ende wog er vielleicht noch vierzig Kilo und war nur noch ein Schatten seiner selbst.
Vom nahenden Tod bereits schwer gezeichnet, wollte mein Vater noch ein letztes Mal seine Kinder und Enkelkinder sehen.
Wenige Wochen zuvor hatte ich noch bei ihm am Krankenbett gesessen und zum ersten Mal seit langer Zeit ein sehr offenes Gespräch mit ihm geführt.
Er war sich über seinen Zustand vollkommen im Klaren und meinte zu mir:
«Weisst Du, ich habe sicherlich vieles falsch gemacht in

161

meinem Leben, aber eines sollst Du wissen, ich habe Dich immer lieb` gehabt und nur versucht mein Bestes zu geben».

Dabei drückte er meine Hand und am Schluss lagen wir uns weinend in den Armen.

In diesem Moment war alles, was jemals zwischen uns gestanden hatte, vergeben und vergessen.

Insgeheim hatten wir uns voneinander verabschiedet und unseren Frieden geschlossen.

Eine letzte Chance, die jeder mit einem sterbenden Angehörigen nutzen sollte.

Dennoch war mir mein Vater zeitlebens ein Fremder geblieben.

Meistens sprach er nicht viel und wenn dann nur wenn er getrunken hatte.

Momente der Klarheit waren eher selten und gingen oftmals im Alltagstrott unter.

So weiss ich absolut nichts über seine Träume, Wünsche und Sehnsüchte.

Wie hatte er sich wohl sein Leben ursprünglich vorgestellt?

Welche Pläne hatte er?

War er glücklich oder funktionierte er einfach nur?

Am Sonntag, den 23. Juni 2002 trafen wir uns dann alle zuhause bei den Eltern, um Vaters letzten Wunsch zu erfüllen.

Er war inzwischen in einen komatösen Zustand gefallen und nicht mehr richtig ansprechbar.

Seine kleinen Enkelkinder kletterten völlig arglos auf dem Sterbebett herum und trotz des traurigen Anlasses herrschte irgendwie eine fröhliche und harmonische Stimmung.

Wir assen noch alle gemeinsam zu Abend und so nach und nach mussten meine beiden Schwestern nach Hause, um die Kinder ins Bett zu bringen.

Nur mein Bruder und ich blieben in der elterlichen Wohnung zurück.

Gegen 22.00 Uhr bat uns Mama ihr noch beim Waschen und sauber machen von Papa zu helfen.

Der hatte zwischenzeitlich sehr viel Wasser eingelagert und ganz geschwollene Hände und Füsse.

Wir wuschen ihn gemeinsam und legten ihm neue Windeln für die Nacht an.

Der Anblick des völlig ausgemergelten Körpers war herzzerreissend.

Als wir ihm dann seine Medikamente eingeben wollten, riss er plötzlich die Augen auf und sah uns unverwandt an.

Sein Blick ging ins Leere.

Im nächsten Moment begann er laut zu röcheln und nach Luft zu ringen.

Das eingelagerte Wasser war urplötzlich verschwunden und hatte sich offenbar in seine Lungen verschoben.

Mama geriet in Panik und wollte noch den Arzt holen aber mein Bruder und ich ermutigten sie unseren Vater in Frieden gehen zu lassen.

Es folgte ein kurzer, aber heftiger Todeskampf, ehe er plötzlich ganz ruhig und mit gebrochenen Augen dalag.

Papa starb in unseren Armen, ohne noch ein letztes Wort zu sagen.

Für mich als examinierten Krankenpfleger und erfahrenen Rettungssanitäter war dies ein Moment der absoluten Ohnmacht.

Von Berufswegen war ich es gewohnt, wildfremden Menschen tagtäglich in ihrer grössten Not beizustehen.

Doch bei meinem eigenen Vater war ich nur zum Nichtstun verdammt und konnte ihm bloss hilflos beim Sterben zusehen.

Als es vorbei war, trösteten wir uns gegenseitig und versuchten irgendwie mit der neuen Situation klarzukommen.

Ich schloss meinem Vater die Augen und band ihm den Unterkiefer hoch, damit er nicht mit offenem Mund dalag. Die restliche Nacht verbrachte ich bei Mama und meinem toten Vater.

Meiner Mutter versprach ich, mich um die Beerdigung zu kümmern.

Am nächsten Morgen griff ich dann zum Telefon und veranlasste alles Notwendige.

Unsere ganze Sorge galt nun unserer angeschlagenen Mutter und schon bald darauf überschlugen sich die Ereignisse.

18

Hilde

Obwohl meine Mutter gesundheitlich selbst sehr angeschlagen war, pflegte sie Papa noch bis zu dessen Tod.

Wir Kinder unterstützten sie zwar dabei im Rahmen unserer Möglichkeiten doch die Hauptlast trug sie auf ihren schmalen Schultern.

An manchen Tagen jedoch, wenn ihr alles über den Kopf zu wachsen drohte, nahm ich sie tröstend in die Arme und Mama weinte sich an meiner Schulter aus.

Es riss mich fast in Stücke diese kleine Frau so verzweifelt und zerbrechlich zu sehen.

All die Jahre über hatte sie immer mich und meine Geschwister getröstet und jetzt kehrte sich das Ganze plötzlich um.

Eine sehr belastende Situation, die nur schwer auszuhalten war.

Nachdem sich Mama fast ein ganzes Jahr lang nur um unseren todkranken Papa gekümmert hatte, wollten wir sie nach dessen Tod zur Erholung in den Schwarzwald schicken.

Dort sollte sie sich ausruhen und wieder zu Kräften kommen.

Ein fataler Irrtum, denn nur sechs Wochen nach Vaters Tod erlitt sie in der Kur einen Herz-Kreislaufstillstand und musste vom Rettungsdienst wiederbelebt werden.

Nun lag sie intubiert und beatmet im Koma auf der Intensivstation.

Wir durchlebten in dieser Zeit die Hölle zwischen Hoffen und Bangen und rechneten eigentlich stündlich mit dem schlimmsten.

Nach drei Wochen erwachte sie wie durch ein Wunder aus dem Koma und hatte offensichtlich keine bleibenden Hirnschäden davongetragen.

Unter vier Augen erzählte sie mir jedoch von ihrem «Traum», dass ihr zehn Jahre zuvor verstorbener Bruder Adolf am Rande einer grossen und wunderschönen Wiese auf sie gewartet hätte.

Er begrüsste sie freundlich und meinte dann zu ihr: «Es ist noch zu früh für dich Hilde, du musst wieder zurück!»

Dann hörte sie plötzlich eine fremde Stimme sagen: «Sie ist wieder da»

Für einen kurzen Moment öffnete sie ihre Augen und sah schemenhaft ein paar Köpfe über ihrem Krankenbett, ehe sie wieder wegdämmerte.

Diese Nahtoderfahrung mag man nun glauben oder nicht. Ich bin jedenfalls fest davon überzeugt, dass wir uns alle eines Tages wiedersehen werden.

Nach diesem Ereignis war klar, dass Mama nicht mehr allein zuhause leben konnte.

Also besorgten wir ihr eine kleine Wohnung in einer betreuten Senioreneinrichtung.

Die darauffolgenden zwei Jahre waren ein einziges auf und ab.

Immer wieder kam sie ins Krankenhaus und musste sogar mehrmals künstlich beatmet werden.

Schliesslich erlitt sie auch noch eine innere Blutung in den

Bauchraum und wurde deshalb mehrmals operiert.

Eines Morgens bekam ich einen Anruf aus der Universitätsklinik.

Der Arzt am anderen Ende der Leitung bat mich meiner Mutter ins Gewissen zu reden, da sie die Einwilligung zu einer erneuten Operation, der fünften wohlgemerkt, verweigerte.

Bei diesen Worten wurde ich stutzig, denn meine Mutter hatte ihr ganzes bisheriges Leben lang alles klaglos und ohne zu murren hingenommen.

Das Wort «Nein» existierte in ihrem Wortschatz nicht.

Doch ausgerechnet jetzt, wo sie vermutlich zum allerersten Mal in ihrem Leben «Nein» zu irgendetwas sagte, bedeutete dieses Nein gleichzeitig ihren eigenen Tod.

Ich fuhr zu Mama in die Klinik und setzte mich zu ihr ans Krankenbett.

Sie war blass und eingefallen und wirkte noch kleiner als sonst.

«Mama, was ist los?»

fragte ich sie besorgt.

«Horst, ich mag nicht mehr, ich kann einfach nicht mehr» sagte sie mit schwacher und leiser Stimme.

«Aber Mama, wenn Du dich nicht operieren lässt, dann stirbst Du!»

redete ich ihr zu.

«Dann ist es halt so»

sagte sie ganz ruhig und mit bestimmender Gewissheit.

«Ihr müsst deswegen nicht traurig sein»

Es blieb mir nichts anderes übrig, als ihre Entscheidung zu respektieren.

Dann diktierte sie mir mit leiser und ruhiger Stimme, welche Kleider sie im Sarg tragen wollte, und wie sie sich

167

ihre eigene Beerdigung vorstellte.

Mit Tränen in den Augen versprach ich ihr alles genau so zu machen, wie sie es haben wollte.

Anschliessend trommelte ich meine Geschwister zusammen und wie schon zuvor bei Papa, nahmen wir gemeinsam Abschied von unserer Mutter.

Wir hielten abwechselnd ihre Hand und auch diesmal blieben mein Bruder und ich bis zuletzt.

Mit dem behandelnden Arzt hatte ich mich darauf geeinigt die Lebensverlängernden Massnahmen herunterzufahren und Mama in Frieden gehen zu lassen.

Am Ende sass ich allein an Mamas Bett und hielt ihre Hand.

Sie war ins Koma gefallen und ihre Atempausen wurden immer länger.

Als dann am nächsten Morgen die Frühschicht kam, schickte man mich mit dem Versprechen nach Hause sich sofort bei mir zu melden, wenn sich an ihrem Zustand etwas ändern sollte.

Also fuhr ich nach Hause, um mich etwas frisch zu machen. Als ich aus der Dusche kam, klingelte das Telefon.

Mama starb in den frühen Morgenstunden des 1. Juli 2004, ohne noch einmal das Bewusstsein erlangt zu haben.

Sie wurde 75 Jahre alt.

Doch wer war diese kleine Frau, die mit ihren ein Meter achtundfünfzig so tapfer durchs Leben ging?

Meine Mutter wurde am 07. März 1929 als Hilde Ernestine Bieselin in Eichstetten am Kaiserstuhl geboren.

Sie war das Zehnte von insgesamt elf Kindern und verbrachte ihre Kindheit auf einem winzig kleinen Bauernhof, der seine vielen hungrigen Mäuler mehr schlecht als recht ernährte.

Ihre Eltern waren sogenannte Arme Leute Bauern, die von der Hand in den Mund lebten.

Nach der Machtergreifung durch die Nationalsozialisten im Januar 1933 erging es ihnen tatsächlich etwas besser, weshalb mein Grossvater auch prompt ein überzeugter Nazi wurde.

Er liess sich ein Hitler Bärtchen wachsen und taufte seinen jüngsten Sohn auf den Namen des «Führers»: Adolf.

Für seine Regimetreue zahlte er am Ende einen hohen Preis, da er zwei seiner Söhne an der Ostfront verlor.

Meine Grossmutter verfügte scheinbar über hellseherische Fähigkeiten.

Jedenfalls sass sie an jenem Abend im Kriegswinter des Jahres 1942/43 gerade mit dem Rest der Familie in der winzig kleinen Bauernstube, als plötzlich die Schwarzwälder Kuckucksuhr an der Wand stehenblieb.

„Jesus Maria, jetzt ist im Karl etwas passiert!“ rief sie voll böser Vorahnung entsetzt.

Tatsächlich bekam sie nur wenige Tage später die Nachricht, dass ihr ältester Sohn Karl an jenem Tag und zu jener Stunde in Russland gefallen war, an dem die Uhr an der Wand stehen blieb.

Meine Mutter musste schon als kleines Kind zusammen mit ihren Geschwistern auf dem landwirtschaftlichen Betrieb mitarbeiten.

Als sie während des Krieges mal wieder draussen auf den Feldern waren, näherte sich Ihnen ein Flugzeug.

Es drehte ein paar Runden über ihre Köpfe hinweg und ging dann in den Tiefflug über.

Plötzlich knatterten die Bordkanonen und meiner Mutter und ihren Geschwistern flogen die Kugeln um die Ohren.

Der alliierte Pilot hatte einfach das Feuer auf die unschuldigen Kinder am Boden eröffnet.
Diese gingen daraufhin in Deckung und warfen sich in den Strassengraben.
Zum Glück wurde niemand getroffen.
Als die nächste Flak Batterie das Flugzeug unter Beschuss nahm, drehte dieses ab und verschwand.
Um ein Haar wäre meine Mama aber trotzdem noch gestorben.
Sie hatte sich nämlich bei der Feldarbeit am Finger verletzt und eine schwere Blutvergiftung zugezogen.
Nun lag sie mit einer Sepsis und hohem Fieber im Bett.
Antibiotika gab es zu dieser Zeit noch nicht und so herrschte akute Lebensgefahr.
Alle Ärzte waren an der Front.
Nur der jüdische Doktor war noch im Ort, hatte aber striktes Berufsverbot.
Diesem war es bei Todesstrafe verboten, sogenannte «Arier» zu behandeln.
In seiner Not klopfte mein Nazi Grossvater trotzdem bei Nacht und Nebel an die Tür des jüdischen Arztes und bat diesen das Leben seiner Tochter zu retten.
Dieser zögerte keinen Augenblick und rettete unter Einsatz seines eigenen Lebens, dass meiner Mutter, indem er ihr in der heimischen Küche den infizierten Finger amputierte.
Über das weitere Schicksal dieses Arztes ist mir leider nichts bekannt.
Generell schien jedoch auf der Familie meiner Mutter eine Art Fluch zu liegen, denn die Schicksalsschläge rissen nicht ab.
Kurz nach Kriegsende verunglückte ein weiterer Bruder

meiner Mutter bei einem Motorradunfall tödlich und ein anderer kam bei einem Arbeitsunfall ums Leben.

1948 kam sie im zarten Alter von neunzehn Jahren nach Frohen Hausen, um dort eine Stelle als Verkäuferin in derselben Bäckerei anzutreten, in der auch mein Vater arbeitete.

Dort lernten sie sich kennen und verliebten sich schliesslich ineinander.

Der Rest ist Geschichte.

Bald darauf wechselte mein Vater zur besser bezahlten Arbeit ins Kali-, und Salzbergwerk.

Am 24. April 1953 wurde geheiratet und im Februar 1955 kam dann das erste Kind, meine Schwester Anita, zur Welt.

Nur ein Jahr später folgte Kind Nummer zwei, mein Bruder Hans.

1964 schliesslich meine Schwester Bärbel und dann ich.

Die hellseherischen Fähigkeiten schien meine Mutter von ihrer geerbt zu haben.

So stand sie an einem kalten Herbsttag des Jahres 1963 gerade in der Waschküche, als sie ihren Vater laut und deutlich ihren Namen Rufen hörte:

«Hilde, Hilde!»

Die Stimme war so deutlich, dass sie ihre mühevolle Arbeit am Waschtrog unterbrach, um draussen nachzusehen, ob ihr Vater vielleicht nach ihr suchte.

Sie konnte ihn aber nirgendwo finden.

Sie klingelte sogar bei ihrer Nachbarin an der Tür, um nachzufragen, ob er dort eventuell auf sie warten würde.

Doch vergebens.

Zwei Stunden später erhielt sie dann ein Telegramm mit der Todesnachricht ihres Vaters.

Dieser war im Achtzig Kilometer entfernt gelegenen Eichstetten friedlich eingeschlafen.

Wenn Mutter sonntags meinte:

«Heute bekommen wir noch Besuch!»

konnte man sicher sein, dass wir auch tatsächlich Besuch bekamen.

Die sonntäglichen Verwandtenbesuche zu Kaffee und Kuchen fand ich hingegen immer totlangweilig.

Trotz aller Umstände blieben meine Eltern bis zu ihrem Tod zusammen.

Den bei ihrer Hochzeit geleisteten Treueschwur:

«In guten, wie in schlechten Zeiten und bis das der Tod euch scheidet»

nahmen sie noch wörtlich und eine Scheidung wäre für beide nie in Betracht gekommen.

Angesichts der kurzen Halbwertszeit heutiger Beziehungen und einer Scheidungsrate von beinahe fünfzig Prozent ist das vielleicht einen kurzen Moment des Innehaltens wert.

Mein Vater mit 25

19

Erste Liebe

Neben der ganzen Haus-, und Gartenarbeit, hatte meine
Mutter nun auch noch zusätzlich zwei Stellen als Putzfrau
angenommen, um etwas Geld dazuzuverdienen.
So ging sie jetzt zwei Mal die Woche, jeden Dienstag-, und
Freitagabend, für ein paar Stunden zu einem
Steuerberater, um dort die Büros sauber zu machen.
Die andere Putzstelle fand ich dagegen problematischer,
lag sie doch ausgerechnet in meiner Schule.
Jeden Nachmittag verbrachte sie jetzt damit den Dreck
meiner Klassenkameraden wegzuräumen.
Zwei Mal wöchentlich hatte ich nachmittags Unterricht und
begegnete dabei Mama beim Putzen in der Schule.
Manche Kinder zogen mich deswegen auf und ich schämte
mich dafür, dass meine Mutter meinen Klassenkameraden
hinterherputzen musste.
Eines Tages stiess sie beim Saubermachen im
Biologiezimmer versehentlich ein Einmachglas voller
Schweineblut vom Schrank.
Das stinkende und halbgeronnene Blut schwappte über sie
hinweg und sie sah aus, wie ein Zombie aus einem der
damals sehr populären Horrorfilme.
Blutbesudelt und laut lamentierend, lief sie angewidert
durchs Treppenhaus und alle Kinder lachten sie laut aus.
Sie tat mir zwar unendlich leid, dennoch wäre ich vor

Scham am liebsten im Erdboden versunken.

Zu dieser Zeit wurden auch die Mädchen immer interessanter und waren nicht mehr länger nur nervige «Objekte», die es zu ärgern galt.

Das merkte man zum Beispiel auch daran, dass wir uns im Sportunterricht heimlich zu ihnen hinüberschlichen, um ihnen bei ihren anmutigen Turnübungen auf dem Schwebebalken zuzusehen.

Allein schon der Anblick der sich graziös und in hautenger Sportkleidung bewegenden Mädchen, jagte uns Jungs wohlige Schauer über den Rücken.

Pubertät ist eben nichts für Feiglinge.

Einige besonders verwegene und testosterongesteuerte Jungs gingen jetzt dazu über, den Mädchen in jeder kleinen und grossen Pause an die Brüste zu fassen.

Sie nannten das «Hupkonzert» und stiessen dabei, je nach Gusto des auserwählten und meist kichernden Opfers, auf mehr oder weniger grosse Gegenwehr.

Bald fanden auch schon die ersten Feten mit Chips und Coca-Cola im Partykeller eines Klassenkameraden statt.

Wir tanzten zur neuesten Disco Musik und spielten nebenbei «Flaschendrehen».

Wer dabei verlor musste zur «Strafe» ein Mädchen auf den Mund küssen. Bäh!

Ich war wohl doch noch nicht so weit, doch das sollte sich bald ändern.

Obwohl meine Eltern mit der Kirche nie sonderlich viel am Hut hatten, musste ich nun, wie alle anderen auch, zum Konfirmandenunterricht.

Schliesslich gehörte sich das so, fand zumindest meine Mutter.

Die Aussicht auf Bargeld und ein paar schöne Geschenke

liess meine Motivation diesbezüglich sofort in die Höhe schnellen.

Während meine Altersgenossen fast ausnahmslos von einem Moped träumten, sparte ich lieber auf eine Stereoanlage.

Ich wollte unbedingt so einen richtigen HIFI-Turm mit Plattenspieler, Kassettendeck, Tuner und einem Paar Lautsprecherboxen haben.

Jeden Morgen kam ich auf dem Weg zur Schule am Elektrofachgeschäft Schimmel vorbei und bestaunte dort im Schaufenster die ausgestellten Wunderwerke der Unterhaltungselektronik.

Doch so ein HIFI-Turm kostete damals locker um die 1500 DM.

Ein kleines Vermögen.

Von nun an musste ich ein ganzes Jahr lang jeden Montagnachmittag zum Konfirmandenunterricht in die evangelische Kirche ins Oberdorf pilgern.

Es handelte sich dabei um einen postmodernen und grottenhässlichen Flachdach Betonbunker, ganz im Stil der Siebzigerjahre.

Der Pfarrer dort war ein strenger Mann und bestand darauf, dass wir Konfirmandenschüler ab sofort jeden Sonntagmorgen den Gottesdienst besuchten, andernfalls würde er sich weigern, uns zu konfirmieren.

Scheibenkleister, jetzt war also nichts mehr mit ausschlafen am Sonntagmorgen.

Im Konfirmandenunterricht mussten wir dann stundenlang die Bibel studieren und bekamen sogar noch Hausaufgaben aufgebrummt.

Auch das ständige Singen und Klatschen ging mir allmählich auf den Keks.

Inzwischen ging ich in die achte Klasse und musste mir so langsam mal Gedanken über meine berufliche Zukunft machen.

Im offiziellen Schuldeutsch nannte sich das:

«O.i.B. – Orientierung in Berufsfeldern».

Zu dieser Zeit schwankte ich noch zwischen Koch und Krankenpfleger.

Einerseits weil ich für mein Leben gerne ass und andererseits, weil ich mich für Medizin interessierte und gerne anderen Menschen helfen wollte.

Also absolvierte ich zunächst einmal ein zweiwöchiges Praktikum im besten Restaurant von Frohen Hausen.

In diesem Drei-Sterne-Gourmettempel durfte ich nun den lieben langen Tag nichts anderes tun als Gemüse schälen und Geschirr abwaschen.

Obendrein war der Küchenchef ein totaler Choleriker und brüllte die ganze Zeit über wie ein Wahnsinniger in der Gegend herum, was ich ja schon zur Genüge von zuhause kannte.

Als ich dann auch noch mitbekam, wie er vor allen anderen den Jungkoch ohrfeigte, war für mich der Fall Sonnenklar.

Koch war definitiv nichts für mich!

Im Kreiskrankenhaus, meinem nächsten Praktikumsort, sah das alles dann schon mal ganz anders aus.

Hier wurde ich nämlich herzlich und mit offenen Armen empfangen und alle waren sehr nett zu mir.

Die Krankenschwestern nahmen mich unter ihre Fittiche und ich bekam geduldig alles gezeigt.

Schon bald durfte ich sogar selbstständig Blutdruck messen, Puls fühlen und Fieberthermometer an die Patienten verteilen.

Die vierzehn Praktikumstage vergingen praktisch, wie im

Flug und eigentlich wäre ich am liebsten gleich dortgeblieben.

Doch zunächst einmal musste ich zurück auf die Schulbank und meine Konfirmation stand auch noch unmittelbar bevor.

Am 5. April 1981 war es dann so weit.

Wir Konfirmanden bestritten selbstständig einen Sonntagsgottesdienst und erhielten anschliessend unsere Urkunden.

Doch auch die Kirche konnten mir keine Antworten auf meine brennendsten Fragen liefern:

Wo kommen wir her?

Wo gehen wir hin?

Und worin liegt der eigentliche Sinn des Lebens?

Dafür wurde ich mit Geld und Geschenken geradezu überhäuft und als ich tags darauf Kassensturz machte, kamen sage und schreibe 1500 DM zusammen.

Meine lange erträumte Stereoanlage war also gesichert.

Von meinen Eltern hatte ich zudem noch einen Radiowecker mit Kassettenrekorder geschenkt bekommen.

Mit dem eingebauten Mikrofon konnte ich alles aufnehmen, was in irgendeiner Weise Geräusche machte und auf einer Kompaktkassette mit zwei Mal je 45 Minuten Laufzeit Platz fand.

Endlich konnte ich auch die neuesten Hits im Radio mitschneiden und ärgerte mich jedes Mal schwarz, wenn der Moderator wieder einmal dazwischen quatschte.

So besass ich bald eine eindrucksvolle Sammlung von selbst bespielten Musikkassetten.

Ende des Jahres kaufte ich mir dann endlich meine lang ersehnte Stereoanlage.

Von da an verschoben sich komplett meine Prioritäten.

Statt in Bücher investierte ich mein Geld jetzt lieber in Langspielplatten.

Schon bald hatte ich eine beachtliche Sammlung beisammen.

Wir tauschten die Schallplatten auch untereinander aus und nahmen sie auf Kassette auf.

Diese selbst bespielten Musikkassetten konnte man dann unterwegs im Walkman abspielen, einer bahnbrechenden Erfindung jener Zeit.

Was heute selbstverständlich erscheint war damals eine echte Revolution.

Zum ersten Mal in der Geschichte konnte man seine eigene Musik mitnehmen und unterwegs über Kopfhörer anhören.

Ich kann mir nicht vorstellen, dass die Generation «Spotify» auch nur annähernd nachvollziehen kann, was es damals bedeutete, endlich das neueste und heissersehnte Album seiner Lieblingsband in den Händen zu halten.

Schon allein das Plattencover war ein Kunstwerk für sich.

Man musste die Schallplatte behutsam aus der Hülle nehmen, um sie nicht zu zerkratzen.

Dann legte man sie auf den Plattenteller, setzte den Tonarm vorsichtig an der richtigen Stelle auf und konnte dann endlich seine Musik in bis dato noch nie gekannter Klangqualität erleben.

Heute scrollen wir uns beliebig durch endlos lange Listen mit Millionen von Songs.

Wenn ich mir die Kopfhörer aufsetzte, tauchte ich ab in eine für mich völlig neue und unbekannte Welt.

Zunächst lauschte ich auch den klassischen Rock Helden wie Deep Purple, Pink Floyd oder Led Zeppelin.

Für die jüngeren unter uns: Led Zeppelin ist kein

beleuchtetes Luftschiff und Suzie Quattro hat nichts mit Allradantrieb zu tun!

Doch zu Beginn der Achtzigerjahre taten sich plötzlich völlig neue Klangwelten auf.

Bands wie Depeche Mode, Simple Minds oder INXS eroberten mit ihrem elektronischen Sound die Charts und machten eine völlig neue Art von Musik.

Sogenannte Synthie Bands schossen wie Pilze aus dem Boden und prägten den Klang der Achtziger wie kein anderer Sound zuvor.

Die aufkeimende «Neue Deutsche Welle» machte eine Zeitlang Riesenspass, blieb letzten Endes aber nur ein Sturm im Wasserglas.

Keine andere Dekade hat der Musikwelt so viele neue Sounds und Melodien hinterlassen und wenn man als alter Hase die aktuellen Charts verfolgt, trifft man auf lauter alte Bekannte.

Leider sind bereits viele grossartige Künstler jener Zeit verstorben.

Musikalische Genies wie David Bowie, Michael Jackson, Prince, Whitney Houston, George Michael oder Freddie Mercury sind zwar tot, doch ihre Musik lebt ewig weiter.

Musik zu hören war für mich immer ein bewusster Akt und wurde nicht einfach nur so nebenbei konsumiert.

Für mein Leben gerne hätte ich ein Instrument wie Klavier oder Saxofon spielen gelernt, aber dafür fehlte in erster Linie das Geld und auch die Geduld.

Dennoch war und ist Musik auch heute noch immer ein ganz wichtiger Bestandteil meines Lebens.

Vor einiger Zeit habe ich dann in einem Anflug von geistiger Umnachtung meine über die Jahre hinweg stattlich angewachsene Schallplattensammlung von rund

650 Scheiben, zu zwei Euro das Stück, auf dem Flohmarkt verscherbelt.

Ein unverzeihlicher und leider nicht wiedergutzumachender Fehler, den ich bis an mein Lebensende bitter bereuen werde.

Die klerikale Gehirnwäsche aus meiner Konfirmandenzeit wirkte hingegen noch eine ganze Weile nach.

So ging ich auch weiterhin jeden Sonntagmorgen brav zur Kirche.

Doch mit der Zeit wurden die Abstände zwischen den Gottesdienstbesuchen länger und länger und irgendwann fiel ich in meinen alten Vorkonfirmationsmodus zurück.

Als ich dann an Weihnachten, nach längerer Abstinenz, zum Gottesdienst ging, passte mich der Pfarrer am Kirchenportal ab und meinte zu mir:

«Du bist also auch nur so ein U-Boot-Christ!»

Ich schaute ihn ungläubig mit grossen Augen an und wusste nicht, was er damit meinen könnte.

Auf meine verdutzte Frage hin, was das denn genau zu bedeuten hätte, antwortete er:

«Naja, das ganze Jahr in der Versenkung und nur an Weihnachten taucht man auf».

Danach habe ich nie wieder einen Gottesdienst besucht und bin mit 18 Jahren aus der Kirche ausgetreten.

Doch die süssen Verlockungen der Sünde sollten auch vor einem frisch konfirmierten Teenager nicht haltmachen.

Frohen Hausen hatte es nun doch noch geschafft ein öffentliches Schwimmbad zu bauen.

Wir vom örtlichen Jugendrotkreuz (JRK) bekamen nun die ruhmreiche Aufgabe sich in dieser Badeanstalt um die sanitätsdienstliche Versorgung der Badegäste zu kümmern.

Fortan verbrachte ich fast jeden freien Tag im Freibad, um dort ehrenamtlich nach dem Rechten zu sehen.

Die ganzen Sommerferien über, sass ich nun tagein und tagaus mit meiner verspiegelten Sonnenbrille vor dem Sanitätsdienstzimmer und kam mir dabei unheimlich wichtig vor.

Schliesslich behandelte ich dort Sonnenbrand und Insektenstiche, klebte Pflaster auf kleinere und grössere Wunden, und verarztete ganz allgemein grosse und kleine Wehwehchen.

Eines schönen Sommertages stand plötzlich eine vollbusige Blondine in einem knallroten Bikini vor mir.

Sie war von einer Wespe in ihr üppiges Dekolleté gestochen worden und hatte nun schlagartig eine dritte Brust bekommen.

Ich war 15 Jahre alt, voller Testosteron und mitten in der Pubertät.

Die dralle Blondine hatte den bis dato grössten Busen, den ich je in meinem jungen Leben gesehen hatte.

Im Sanitätsdienstzimmer tupfte ich ihr vorsichtig das geschwollene Dekolleté mit einem Insektenstift ab.

Plötzlich bekam ich eine Erektion und merkte, wie ich vor lauter Scham rot anlief.

Da ich selbst nur eine enge Badehose trug, war das Malheur offensichtlich und blieb auch der Dame nicht verborgen.

Sie amüsierte sich köstlich über meine Verlegenheit und fragte mich so ganz nebenbei, ob sie mir irgendwie behilflich sein könne.

Ich wollte mich gerade bei ihr entschuldigen, als sie mir plötzlich und unerwartet in den Schritt griff.

Sie zog mir langsam die Badehose bis zu den Knien nach

unten.

Ich wusste nicht so recht wie mir geschah und liess sie
deshalb einfach ohne Gegenwehr gewähren.

Offenbar hatte sie die Absicht mich oral zu befriedigen.

Doch noch ehe sie richtig loslegen konnte, spritzte ich ihr
auch schon mitten ins Gesicht. Au Backe!

Sie stand wortlos auf, ging zum Waschbecken hinüber und
wischte sich mit einem Papierhandtuch mein Sperma aus
dem Gesicht.

Dann drehte sie sich langsam zu mir um und sagte:

«Mach dir nix draus Kleiner, das wird schon noch!»

Beim hinaus gehen lächelte sie mir noch einmal zu und
liess mich dann ziemlich verlegen, reichlich verwirrt, und
peinlich berührt zurück.

Ich habe sie danach noch ein paar Mal zufällig
wiedergesehen, aber so nah wie an jenem Tag sind wir uns
nie wiedergekommen.

20

Du bist was Du isst

Nachdem ich mir die ganzen Jahre über immer nur dumme
Bemerkungen über mein Gewicht anhören durfte,
beschloss ich im Winter 1981/82 an diesem Zustand
etwas Grundlegendes zu ändern.
Ich änderte radikal meine Essgewohnheiten und ernährte
mich fortan nur noch von Knäckebrot und Kräutertee.
Obwohl meine Mutter schier verzweifelte und sich
ernsthafte Sorgen um meine Gesundheit machte, blieb ich
standhaft und konnte den Verlockungen ihrer
hervorragenden Kochkünste widerstehen.
Auf diese Weise nahm ich innerhalb weniger Wochen
rapide ab und sah bald aus wie eine Leiche auf Urlaub.
Postwendend machten Gerüchte die Runde, ich würde jetzt
Drogen nehmen oder hätte mich gar einer religiösen Sekte
angeschlossen, welche die Nahrungsaufnahme
verweigerte.
Natürlich traf nichts von alldem zu, sondern ich hatte
schlicht und ergreifend einfach genug davon, ständig der
«Horst» zu sein.
Dank eines pubertären Wachstumsschubes war ich
mittlerweile 1.76 m gross und wog jetzt nur noch 52 Kilo!
Deshalb fror ich auch ständig wie ein Schlosshund und war
körperlich überhaupt nicht mehr belastbar.
Dennoch fühlte ich mich unheimlich stark und überlegen

und bemerkte gar nicht, dass ich inzwischen eine veritable Essstörung entwickelt hatte.

Ich ass nur noch allein, wenn die anderen bereits fertig waren und zählte dabei permanent irgendwelche Kalorien wie andere Leute Lottozahlen.

Erst als mich meine Mutter und meine Schwester buchstäblich anflehten, ich solle doch endlich wieder feste Nahrung zu mir nehmen, setzte bei mir allmählich ein Umdenken ein.

Ganz langsam begann ich wieder richtige Mahlzeiten zu essen, achtete aber weiterhin darauf nicht mehr als 1500 Kalorien täglich zu mir zu nehmen.

Schon bald konnte ich aus dem Stehgreif sämtliche Nährwertangaben der verschiedensten Lebensmittel auswendig herunterbeten.

Jetzt war ich plötzlich nicht mehr der pummelige Pausenclown, der meistens auf seine eigenen Kosten die ganze Klasse unterhielt, sondern man begegnete mir mit Respekt und Anerkennung.

Vor diesem Hintergrund wurde ich zum Klassensprecher gewählt und legte mit gestärktem Selbstbewusstsein einen ganz passablen Schulabschluss hin.

Ich war sogar der drittbeste meines Jahrgangs.

Vom Rektor bekam ich an der Abschlussfeier einen Buchpreis für «Herausragende Leistungen und vorbildliches Verhalten» überreicht und wurde namentlich in der Zeitung erwähnt.

Allerdings druckten sie meinen Namen falsch ab und so wurde ich mal eben kurzerhand in Kurt Kurz umgetauft.

Im Hintergrund höre ich bereits die ganzen Bildungsbürger leise kichern und sich ins Fäustchen lachen, aber ich kann ihnen versichern, dass die Hauptschule zu dieser Zeit noch einen weitaus höheren Stellenwert hatte als heute.

Wer ein ordentliches Handwerk lernen wollte, brauchte einen Hauptschulabschluss.

Auch die allgemeine Hochschulreife war noch lange nicht so inflationär und selbstverständlich wie das heutige Flatrate-Abitur und vom erschreckend niedrigen Bildungsniveau der jetzigen Generation Z wollen wir erst gar nicht reden.

Trotzdem war auch damals schon klar, dass man mit einem Hauptschulabschluss keinen Nobelpreis gewinnen konnte. Um die Ausbildung zum examinierten Krankenpfleger absolvieren zu können brauchte ich mindestens Mittlere Reife.

Deshalb musste ich noch einmal für zwei Jahre eine weiterführende Schule besuchen.

Das Leben stellte seine Weichen und viele Freunde und Klassenkameraden gingen neue Wege.

Die meisten begannen eine Lehre, andere gingen auf weiterführende Schulen und nicht wenige fielen hinten runter und verschwanden einfach von der Bildfläche.

Doch zunächst einmal waren jetzt Sommerferien angesagt. Bei mir war jedoch nichts mit chillen, grillen, Bierchen killen, sondern ich stand jetzt jeden Morgen um 5.00 Uhr in aller Herrgottsfrühe auf, um in der landwirtschaftlichen Zentralgenossenschaft die angelieferten Kartoffeln am Fliessband auszusortieren.

Diese mussten nämlich in mühevoller Handarbeit von Dreckklumpen und Steinen befreit und anschliessend in Säcken zu je 25 - beziehungsweise 50 - Kilogramm abgefüllt und auf Europaletten gestapelt werden.

Für diese körperlich anstrengende Hochstapelei gab es damals den stolzen Stundenlohn von achtzehn Mark fünfzig, bar auf die Hand.

Ich arbeitete buchstäblich bis zum Umfallen und an manchen Tagen sogar bis 22.00 Uhr abends.

Bald hatte ich Oberarme wie Arnold Schwarzenegger.

Nach sechs Wochen «Training» war ich nicht nur körperlich fit, sondern hatte auch genügend Geld beisammen, um mir endlich etwas gönnen zu können.

Zu dumm nur, dass ausgerechnet jetzt die Ferien zu Ende waren.

Die Hauswirtschaftlich - sozialpädagogische Berufsfachschule, kurz BFH genannt, lag in der nahen Kreisstadt und wurde überwiegend von Mädchen besucht.

Hier würde ich jetzt also die nächsten zwei Jahre verbringen.

Unter der amtierenden sozialdemokratisch – liberalen Bundesregierung kam ich als mittelloses Arbeiterkind jetzt in den Genuss des Berufsausbildungsförderungsgesetzes.

Mit dem «Bafög» in der Tasche, liess es sich auch ohne Nebenjob ganz gut leben.

Da ich jedoch weder einen fahrbaren Untersatz besass und erst recht nicht mit dem Bus in die Schule pendeln wollte, stellte sich jetzt natürlich die Frage:

Wie komme ich dort hin?!

Da passte es gerade prima, dass meine Schwester Bärbel frisch ihren Führerschein gemacht hatte und ebenfalls in die grosse Kreisstadt zur Schule musste.

Sie bastelte gerade an ihrem Abitur und obwohl mein Vater nicht viel von höherer Schulbildung hielt, hatte sie von ihm dessen alten, babyblauen Opel Kadett geerbt.

Jetzt chauffierte sie mich jeden Morgen, zusammen mit ein paar Anhaltern, in die Schule.

Am Morgen des 14. September 1982 waren wir wieder

auf dem Weg dorthin.

Zunächst schien alles so wie immer zu sein.

Wir luden das Auto mit ein paar Anhaltern voll und fuhren in Richtung Kreisstadt.

An diesem Morgen herrschte jedoch dichter Nebel und man konnte praktisch die eigene Hand vor Augen nicht sehen.

Trotz der frühen Morgenstunde herrschte im Auto eine ausgelassene Stimmung.

Im Kassettenrekorder lief gerade «The End» von den Doors, als sich plötzlich die Nebelwand auftat und den Blick auf das Stauende direkt vor uns freigab.

Doch es war bereits zu spät.

Bärbel schaffte es nicht mehr rechtzeitig anzuhalten und donnerte praktisch ungebremst in das Stauende hinein.

Dabei begrub sie mit einem beherzten «Scheisse!» auf den Lippen den dort stehenden Motorradfahrer unter Papas altem Kadett.

Nach einer kurzen Schrecksekunde stiegen wir alle aus.

Das alte Auto besass weder Sicherheitsgurte und erst recht keine Airbags, dennoch war von uns Insassen offenbar niemand verletzt worden.

Der Kassettenrekorder spielte unbeirrt weiter:

«This ist the end, Beautiful Friend» und dass, obwohl er gerade einmal quer durchs ganze Auto geflogen war.

Meine Schwester kümmerte sich erst einmal um den verletzten Motorradfahrer, während ich nach hinten lief, um das Warndreieck aufzustellen.

Meine grösste Sorge war, dass im dichten Nebel noch weitere Fahrzeuge auf uns auffahren könnten.

Irgendjemand hatte bereits die Polizei und den Rettungsdienst verständigt, denn schon war aus der Ferne das Tatütata der Einsatzfahrzeuge zu hören.

Der verletzte Motoradfahrer war zum Glück bei vollem Bewusstsein, klagte aber über Schmerzen im rechten Bein.

Er wurde vom Rettungsdienst versorgt und kam ins nahe gelegene Kreiskrankenhaus.

Papas alter Kadett war hingegen nur noch ein Haufen Schrott.

Ein Polizist fragte meine Schwester nach den Fahrzeugpapieren und stellte dann belustigt fest:

»Ha, so ein Zufall! Ausgerechnet heute: Tag der ersten Zulassung: 14. September 1967».

Tatsächlich, heute auf den Tag genau an seinem 15. Geburtstag, segnete Papas alte Mühle das Zeitliche.

Jetzt standen wir beide ohne fahrbaren Untersatz da und reihten uns von nun an jeden Morgen in die Gruppe von Anhaltern ein, die mit dem Daumen im Wind auf eine Mitfahrgelegenheit hofften.

Das Trampen war zu dieser Zeit eine weit verbreitete und durchaus probate Methode, um möglichst schnell und kostengünstig von A nach B zu kommen.

Wir trampten ins Kino, zur Schule, zum Klamottenkaufen in die Stadt, und sogar in die Ferien.

Es dauerte meistens nur wenige Minuten bis jemand anhielt, um uns mitzunehmen.

Meistens standen wir in Zweiergruppen an der Strasse und mit der Zeit wussten wir bereits im Voraus, wer wann und wo vorbeikam.

Es hielten eigentlich immer dieselben Autofahrer an.

Auf diese Weise kam man praktisch überall hin und lernte dabei oft noch sehr spezielle und witzige Leute kennen.

Allerdings erlebte man auch so manch kuriose Situationen.

Einmal sass ich zum Beispiel auf der Rückbank zwischen

zwei riesigen Hunden, welche mich die ganze Fahrt über ableckten.

Ein anderes Mal musste ich mir das Auto mit mehreren Bienenvölkern teilen, die der Imker gerade in Holzkisten von einem Ort zum anderen transportierte.

Im ganzen Auto summte und brummte es und die Bienen schwirrten nur so um mich herum.

Erstaunlicherweise wurde ich aber kein einziges Mal gestochen.

Manchmal konnte es aber auch richtig gefährlich werden, wenn mich zum Beispiel sichtlich angetrunkene oder bekiffte Autofahrer mitnahmen, oder diese sich während der Fahrt die Zähne putzten oder das Gesicht rasierten, anstatt auf den Verkehr zu achten.

Trotzdem ist mir in all den Jahren nie etwas zugestossen.

Nur einmal wäre ich fast im Graben gelandet, als sich der Fahrer während der Fahrt eine Prise Schnupftabak gönnte und beim darauffolgenden Niesanfall um ein Haar von der Strasse abgekommen wäre.

Eines Abends standen wir wieder einmal an der B3 und hielten unsere Daumen in den Wind.

Wir wollten uns im Kino «Mad Max» mit dem damals noch völlig unbekannten Mel Gibson anschauen.

Plötzlich hielt vor uns ein Tanklöschfahrzeug der Freiwilligen Feuerwehr von Frohen Hausen an.

Jemand fragte, wo wir denn hinwollten:

«Ins Kino nach Müllheim»

«Dann steigt mal ein»

Von der Feuerwehr ins Kino gefahren zu werden erlebt man schliesslich auch nicht alle Tage.

Unterwegs stellte sich dann allerdings heraus, dass ausser dem Fahrer alle anderen an Bord voll, wie die Haubitzen waren.

Heutzutage würde man am Strassenrand wohl eher verhungern als das irgendjemand anhalten würde.

Ich habe jedenfalls schon lange keinen Anhalter mehr an der Strasse stehen sehen.

In meiner neuen Schulklasse war ich einer von drei Jungs.

Auf der ganzen Schule gab es sage und schreibe nur acht.

Die restlichen 150 Schüler waren allesamt Mädchen.

Eines davon war Klaudia.

Sie ging mit mir in die gleiche Klasse und war auch ein Frohen Hausener Unterdorfkind.

Wir kannten uns bereits vom Jugendrotkreuz und von nun trampten wir jeden Morgen gemeinsam in die Schule.

Wenn wir keine Lust auf Unterricht hatten, was gelegentlich schon mal vorkam, fuhren wir per Anhalter einfach bis nach Basel weiter und verbrachten dort einen gechillten Tag am Rheinufer, assen Schweizer «Schoki», oder besuchten sogar eines der vielen Museen.

Obwohl ich einer der wenigen in meinem damaligen Umfeld war, der noch nicht rauchte, sammelte ich weiterhin leere Zigarettenschachteln.

Schon bald hatte ich eine beeindruckende Sammlung davon bei mir zuhause an der Wand hängen.

Meine merkwürdige Sammelleidenschaft sprach sich überall herum und bald hingen bei mir zuhause Zigarettenschachteln aus der ganzen Welt, die mir irgendwelche Leute von Ihren Reisen mitbrachten.

Ausserdem überredete ich Klaudia immer dazu das übelste Kraut zu rauchen nur damit ich an die leere Schachtel kam.

Ansonsten hatte ich nur Augen für Frau Hecht.

Diese junge und bildhübsche Lehrerin sah aus wie Farah Fawcett aus der Fernsehserie «Drei Engel für Charlie» und

unterrichtete ausgerechnet Sport und Ernährungslehre.
Ich versuchte ihre Aufmerksamkeit zu gewinnen, indem ich ihren Sportunterricht offen boykottierte, zugleich aber Klassenprimus in Ernährungslehre wurde.
Diese Strategie ging aber selbstverständlich nicht auf, sondern bescherte mir lediglich eine sechs in Sport wegen Leistungsverweigerung.
Auf der politischen Weltbühne ging es derweil drunter und drüber.
Das konstruktive Misstrauensvotum gegen den amtierenden Bundeskanzler Helmut Schmidt (SPD) und die daraus resultierende Machtübernahme durch Helmut «Birne» Kohl von der CDU, sorgte dafür, dass ich mich für die politischen und gesellschaftlichen Zusammenhänge zu interessieren begann.
Die Folgen des Regierungswechsels bekam ich dann unmittelbar selbst zu spüren, denn kaum an der Macht, wurde mir von der Christdemokratischen Union das «Bafög» Geld gestrichen.
Nun blies mir der neue politische Wind eiskalt ins Gesicht, denn ohne Knete, keine Fete.
Jetzt musste ich mit Mama die Büros beim Steuerberater putzen gehen, um auch etwas Geld zu verdienen.

21

Kalter Krieg

Anfang der Achtzigerjahre hatte der sogenannte kalte Krieg seinen vorläufigen Höhepunkt erreicht.
Es herrschte eine Art Endzeitstimmung und Filme wie «The Day After» oder «War Games» sorgten im Kino für Furore.
Der atomare Overkill war aber keine Erfindung von Hollywood, sondern eine ernstzunehmende permanente Bedrohung.
Die Welt stand praktisch am Rande eines Atomkrieges und war in vielerlei Hinsicht gespalten.
Nato und Warschauer Pakt standen sich hochgerüstet und bis an die Zähne bewaffnet gegenüber.
Die Luftwaffe der damaligen Sowjetunion hatte gerade ein vollbesetztes koreanisches Verkehrsflugzeug mit 230 unschuldigen Menschen an Bord abgeschossen und der sogenannte «Nato- Doppelbeschluss» sah eine weitere Aufrüstung des Westens mit amerikanischen «Pershing 2» Atomraketen vor, welche vor allem in der Bundesrepublik Deutschland stationiert werden sollten.
Dagegen regte sich jedoch heftiger Widerstand in der Bevölkerung.
Es bildete sich eine bundesweite Protestbewegung, die lautstark und vehement gegen das weltweite Wettrüsten und die permanente Gefahr eines drohenden Atomkrieges demonstrierte.

Auch ich hegte damals grosse Sympathien für diese sogenannte «Friedensbewegung».

Doch anders als die naiven Blumenkinder und linken Studenten der 68er Bewegung, die vor allem gegen den Vietnamkrieg und die grosse Koalition demonstriert hatten, ging es uns wirklich um die Vermeidung eines nuklearen Weltkrieges.

Als sichtbares Zeichen meiner politischen Gesinnung liess ich mir die Haare wachsen und lief fortan nur noch in indischen Pumphosen durch die Gegend.

Zudem heftete ich mir zahllose Sticker mit verschiedenen Parolen wie Orden an die Brust.

Diese Buttons waren ein klares Statement und zeigten jedem sofort, wofür oder vielmehr wogegen man war.

Atomkraft, Waldsterben und Wettrüsten, waren die brandaktuellen Themen dieser Zeit.

Auch eine geplante Volkszählung erhitzte die Gemüter.

Der lautstarke Protest gegen die simple Erfassung von Namen und Geburtsdaten der Bevölkerung erscheint mir allerdings heute, im Zeitalter sozialer Medien wie Facebook, Instagram und Co geradezu lächerlich.

Heutzutage lässt praktisch jeder freiwillig und unaufgefordert die Hosen runter und gibt im Netz seine intimsten Geheimnisse preis.

Zu dieser Zeit existierten aber noch zwei weitere Lager, die sich mindestens genauso feindselig und verbissen gegenüberstanden wie Ost und West.

Bei der einen Gruppe handelte es sich um die durchgestylten und modisch adretten «Popper».

Bei den anderen um die einschlägig bekannten «Punker».

Sponti Sprüche wie:

«Liegt der Popper tot im Keller war der Punker wieder

schneller» oder «Popper Tod löst Wohnungsnot», waren an der Tagesordnung und gehörten schon fast zum allgemeinen Sprachgebrauch.

Als «Müsli» war ich zum Glück neutral und gehörte keiner dieser Gruppierungen an.

Doch mit meinem neuen Erscheinungsbild als langhaariger Zeckenzüchter und Pumphosenträger, stiess ich selbstverständlich auch nicht nur auf mitleidlose Gegenliebe.

Ganz im Gegenteil.

Meine Eltern, inklusive der ganzen buckligen Verwandtschaft, waren entsetzt und speziell meine resolute und raubeinige Patentante Hertha, die nebenbei bemerkt jedes Jahr meinen Geburtstag vergas, meinte wörtlich zu mir:

«Dir würde ich im Schlaf einfach die Haare abschneiden».

Auch die Alkoholexzesse meines alten Herrn erreichten einen neuen Höhepunkt.

Immer öfter bekamen wir uns jetzt wegen meiner Haare in die Haare.

Als ich mir dann an einem Samstagabend im Fernsehen die lange ARD-Rocknacht reinziehen wollte, eskalierte die Situation völlig.

Er war wieder mal sturzbetrunken und machte ständig abfällige Bemerkungen über die Bands und deren «Negermusik» bis mir Irgendwann der Kragen platzte:

«Halt endlich dein Maul, du besoffenes Schwein!»

schrie ich ihn an.

Bevor mein Vater jedoch richtig austicken konnte, verliess ich überstürzt die Wohnung und verbrachte das restliche Wochenende bei einem Freund.

Hinterher tat es mir dann schrecklich leid und ich

entschuldigte mich bei ihm.

Dennoch kam es zwischen uns jetzt immer häufiger zu Reibereien.

Nebenbei engagierte ich mich weiterhin im Jugendrotkreuz und besuchte jetzt einen Ausbildungskurs zum Gruppenleiter.

Bei dieser Gelegenheit lernte ich Susi kennen.

Susi war auch ein «Müsli» und wir beide verstanden uns auf Anhieb.

Der Kurs ging über drei Wochenenden und schon nach dem ersten konnte ich es kaum erwarten sie wiederzusehen.

Wir kamen uns schliesslich näher und schon bald war ich bis über beide Ohren in sie verknallt.

Susi wohnte auch noch zuhause bei ihren Eltern, allerdings in einem dünn besiedelten und weit abgeschiedenen Ort.

Ohne fahrbaren Untersatz war es für mich nicht ganz einfach zu ihr zu kommen.

Doch wo ein Wille ist, da ist bekanntlich auch ein Gebüsch und für die Liebe, noch dazu, wenn es die erste ist, ist ja bekanntlich kein Weg zu weit.

Susi hatte eine eineiige Zwillingsschwester, die ihr bis aufs Haar glich.

Marianne konnte mich allerdings gar nicht leiden und versuchte mit allen Mitteln uns auseinanderzubringen.

Wie alle Zwillinge standen sich die beiden sehr nah.

Vielleicht betrachtete sie mich auch als Konkurrenz oder war schlichtweg nur eifersüchtig.

Eines Abends wollte ich mal wieder Susi besuchen und traf stattdessen auf Marianne.

Doch anders als sonst, war sie diesmal nicht kühl und abweisend, sondern äusserst nett und liebenswürdig zu mir.

Wir tranken zusammen Tee und diskutierten über Gott und die Welt.

Plötzlich begann sie mich zu küssen.

Ich war völlig perplex und liess es daher einfach geschehen.

Schliesslich nahm sie meine Hand und legte sie in ihren Schoss.

Ehe ich mich versah, waren wir in eine wilde und leidenschaftliche Fummelei verstrickt.

Plötzlich stand Susi in der Tür und war ausser sich vor Zorn.

«Was geht denn hier ab!?» rief sie wütend.

Tja, genau dieselbe Frage stellte ich mir auch gerade.

Doch wie sollte ich ihr das jetzt bloss erklären?!

Ich kam auch gar nicht mehr dazu, weil Susi mich in hohem Bogen aus der Wohnung warf und mir noch hinterherrief: «Hau bloss ab, Du blödes Arschloch, ich will dich hier nie wiedersehen!»

Dieser Satz klingelt mir noch heute in den Ohren.

Dumm, naiv und testosterongesteuert, war ich voll in Mariannes Honigfalle getappt.

Am Telefon liess sich Susi verleugnen und alle Versuche meinerseits, mit ihr in Kontakt zu treten, verliefen Im Sande.

Um mich etwas abzulenken und auf andere Gedanken zu kommen, strich ich endlich mein rosafarbenes Zimmer um, und gründete zusammen mit Klaudia eine eigene Jugendrotkreuzgruppe.

Diese bestand ausnahmslos aus kleinen Mädchen die alle zwischen 6 und 12 Jahre alt waren.

Von nun an versuchten wir die Kleinen einmal pro Woche

sinnvoll zu bespassen.

Klaudia und ich verstanden uns prima obwohl oder gerade, weil von Anfang an klar war, dass daraus nie eine Liebesbeziehung werden würde.

Dafür waren wir beide einfach viel zu verschieden.

Nichtsdestotrotz beschlossen wir im Sommer dieses Jahres gemeinsam in den sonnigen Süden zu trampen.

So machten wir uns eines Morgens mit Sack und Pack auf den Weg.

Wir stellten uns an die B3 und hielten wie gewohnt den Daumen in den Wind.

Unterwegs wurden wir von einem jungen Pärchen aus Köln aufgegabelt, welches uns über den Gotthard bis nach Italien mitnahm und schon am selben Abend übernachteten wir in Mailand.

Den Rest der Reise schliefen wir wechselweise in unseren Schlafsäcken unter freiem Himmel oder wie die Penner auf irgendwelchen Parkbänken.

Das Gefühl von Freiheit war grenzenlos, wenn auch der Komfort zu wünschen übrigliess.

In Locarno fanden gerade die Filmfestspiele statt und wir hängten uns einfach an einen Tross von Journalisten.

So gelangten wir unbemerkt auf die Piazza Grande und konnten die Premiere von «Carmen» live erleben.

Wieder zuhause angekommen wurde ich eines Nachts von einem merkwürdigen Geräusch geweckt.

Es klang wie mehrere kleine Explosionen und in der Tat schien es so, als würde am Horizont der Himmel glühen.

Die unweit gelegene Landwirtschaftliche Zentralgenossenschaft war in Flammen aufgegangen.

Dort wo ich im vergangenen Sommer noch Kartoffelsäcke gestapelt hatte, loderten jetzt lichterloh die Flammen.

Die Geräusche stammten von explodierenden Kunstdüngersäcken, die nun einer nach dem anderen hochgingen.

Plötzlich zerriss eine Lautsprecherstimme die Nacht: «Achtung, Achtung, hier spricht die Polizei.

Bitte halten Sie Türen und Fenster geschlossen.

Bleiben Sie in ihren Wohnungen, bis die unmittelbare Gefahr vorüber ist».

Ich dachte allen Ernstes der dritte Weltkrieg sei ausgebrochen.

Explodierender Kunstdünger – in was für einer Welt lebten wir eigentlich?!

Der Höhepunkt des Jahres war dann der Friedensmarsch nach Bonn.

Mit Sonderzügen fuhren wir zu Tausenden in die damalige Bundeshauptstadt, um gegen das weltweite Wettrüsten zu protestieren und ein Zeichen zu setzen.

Rund eine halbe Million Menschen beteiligte sich daran und bildete eine friedliche Menschenkette rund um das Regierungsviertel.

Die bis dato grösste Demonstration in der deutschen Geschichte.

Es sollte nicht die letzte gewesen sein, denn schon bald hiess es überall:

«Ob Sonne, ob Re(a)gen, wir sind dagegen».

Der amerikanische Westernheld spielte gerade die Rolle seines Lebens und drohte als 40. Präsident der USA offen damit Russland zu bombardieren.

Der Ton wurde rauer, die Kriegsgefahr realer.

1983: Sturm und Drang – Haare lang

22

1984

1984 lautete nicht nur der Titel meines Lieblingsbuches, sondern auch die Tatsache, dass ich bald 18 und damit endlich volljährig werden würde, machte dieses Jahr zu etwas ganz Besonderem.

«1984» von George Orwell handelte von einer dystopischen Zukunft in der ein allgegenwärtiger «Big Brother» alles unter Kontrolle hielt und jede Privatsphäre im Keim erstickte.

Liebe war verboten und was gesagt oder gedacht werden durfte, bestimmte allein die Gedankenpolizei.

Bezeichnenderweise wurde Jahre später ausgerechnet eine der ersten Reality TV Shows nach diesem «Big Brother» benannt.

Im Sommer beendete ich zunächst einmal die Schule und trampte anschliessend mit meinem Freund «Didi» quer durch Deutschland.

Wir waren in erster Linie auf der Suche nach Action, Spass und Abenteuern aber vielleicht auch ein wenig nach uns selbst und dem vermeintlichen Sinn unseres Daseins.

Wir schliefen wie die Landstreicher unter freiem Himmel, ohne Zelt und nur mit wenig Geld.

Bei schlechtem Wetter lagen wir in unseren Schlafsäcken in den Eingängen irgendwelcher Einkaufspassagen herum.

Schon nach wenigen Tagen hatte uns das Leben auf der

Strasse vollständig absorbiert.

Wir kamen mit zahlreichen Freaks und Obdachlosen ins Gespräch und egal, wo wir uns auch gerade befanden, überall bekamen wir Drogen aller Art angeboten.

Kokain, Heroin, Cannabis, Speed, LSD, alles war frei verfügbar und nur eine Frage des Preises.

Dabei ging es jedoch schon lange nicht mehr um Bewusstseinserweiterung, sondern nur noch rein ums Geschäft.

Kohle, Kohle, Kohle, lautete das Credo der frühen Achtzigerjahre.

Wir blieben jedoch standhaft und ausser einem gelegentlich angebotenen Gratisjoint konsumierten wir nichts von der feilgebotenen Ware.

Ich war inzwischen vollkommen in der grün-alternativen Szene aufgegangen.

Mit meinen langen Haaren und den indischen Pumphosen fiel ich offensichtlich nicht nur aus dem gesellschaftlich-tolerierten Rahmen, sondern auch auf, wie ein bunter Hund.

Aufgrund meines äusseren Erscheinungsbildes war ich immer wieder irgendwelchen Anfeindungen ausgesetzt.

Als wir zum Beispiel in Dachau nach dem Weg zur «KZ-Gedenkstätte» fragten, wurde wir von einem Eingeborenen mit Gamsbart und Lederhose böse angegangen:

«Wos wuilt`s denn im KZ, he? Do ghörn solche wie ihr längst wieder hin! Machts schleunigst das furtkimmst»

Auf unserer langen Reise durch die bundesrepublikanische Wirklichkeit begegneten uns viele sogenannte Gleichgesinnte.

Viele dieser «Weltverbesserer» glaubten an gar nichts, sondern waren nur auf Krawall gebürstet.

Nicht wenige von ihnen lebten gut von diesem Sozialstaat, den sie doch angeblich aus tiefstem Herzen ablehnten und mit aller Macht bekämpften.

Das Ganze ging mir zusehends auf den Geist und nach meiner Rückkehr in die «Zivilisation» fasste ich einen folgenschweren Entschluss.

Die politischen Debatten um Chancengleichheit, Gleichberechtigung, Frieden, Abrüstung und Umweltschutz schienen für mich immer noch einen Sinn zu ergeben.

Dennoch wurde ich von dieser scheinheiligen «Wir sind besser als die anderen» Attitüde, und dem zunehmenden Einfluss von Drogen mehr und mehr abgestossen.

Viele der selbsternannten Friedensengel und sogenannten Umweltschützer dröhnten sich permanent mit Drogen zu und fuhren in ihren alten und stinkenden Rostlauben von Demo zu Demo, nur um dort Randale zu machen und sich mit der Polizei zu prügeln.

Diejenigen, die am lautesten Toleranz einforderten, tolerierten im Gegenzug die Meinung andersdenkender nicht im Geringsten und zeigten auch sonst keinerlei Verständnis für deren Sichtweise.

Sprechchöre wie «Deutsche Polizisten, Mörder und Faschisten» fand ich genauso daneben wie «Haut die Bullen, platt wie Stullen»

Das alles hatte mit dem ursprünglichen Geist der Friedensbewegung rein gar nichts mehr zu tun und in gewisser Weise machte ich mich hier auch nur wieder zum Horst.

Irgendwann hatte ich genug davon und kehrte dieser Szene desillusioniert und angewidert den Rücken.

Wieder einmal vollzog ich einen radikalen Schritt und

schnitt mir meine langen Haare ab.

Auch die indischen Pumphosen landeten im Altkleidercontainer.

Ich hatte die Nase gestrichen voll vom Protestieren und dagegen sein und wollte viel lieber endlich irgendwo dazugehören.

Vor einiger Zeit hatte ich mich an diversen Orten um einen Ausbildungsplatz zum examinierten Krankenpfleger beworben.

Mein Traum wäre es damals gewesen nach Hamburg zu ziehen, aber leider erntete ich dort nur Absagen.

Schliesslich bekam ich im nahegelegenen Kreiskrankenhaus eine Ausbildungsstelle angeboten.

Insgesamt hatten sich 190 Bewerber um die 15 freien Ausbildungsplätze beworben und ich hatte als einziger Mann eine Zusage bekommen.

Zum allerersten Mal in meinem Leben schien mein Vater stolz auf mich zu sein.

Ausbildungsbeginn war ausgerechnet der 1. April 1985. Während ich noch immer per Anhalter durch die Gegend trampte, besass Klaudia mittlerweile einen Führerschein. Sie hatte sich freundlicherweise bereit erklärt mich zur Krankenpflegeschule zu fahren.

Jetzt sass ich nervös in ihrem silbergrauen VW Scirocco und beobachtete den Eingang zur Krankenpflegeschule. Hin und her gerissen zwischen der Vorfreude auf die neuen Herausforderungen und der Angst vor dem Ungewissen, traute ich mich nicht so recht auszusteigen. Es waren ausnahmslos junge Frauen, die jetzt nach und nach eintrudelten.

Mit ihnen würde ich jetzt die nächsten drei Jahre verbringen und hoffentlich viele neue Dinge lernen.

Wie sehr mich diese Zeit prägen und verändern sollte, konnte ich in diesem Moment noch nicht ahnen.
Hätte ich damals allerdings schon gewusst was mich erwartete, wäre ich bestimmt nicht ausgestiegen, sondern im Auto sitzengeblieben.
Jung, naiv, und völlig unvorbereitet, sollte ich in einen Strudel von Ereignissen geraten, die mich völlig traumatisiert zurücklassen würden, aber das ist wieder eine ganz andere Geschichte...

1984

Epilog

Seit dieser Zeit sind rund vierzig Jahre vergangen und vieles hat sich verändert.
Das Einzige, was mich heute noch mit Frohen Hausen verbindet, sind zwei Gräber auf dem Friedhof.
Hin und wieder besuche ich das Grab meiner Eltern und schlendere bei dieser Gelegenheit an den Reihen der anderen Gräber entlang.
Beim Lesen der Namen auf den Grabsteinen fällt mir jetzt immer öfter auf, dass ich die Gesichter dazu vor Augen habe.
Mir scheint, dass die Einschläge von Jahr zu Jahr näherkommen.
Eine neue Generation ist nachgewachsen und der unsichtbare Graben zwischen dem Ober-, und dem Unterdorf scheint zugeschüttet zu sein.
Dank der vielen Neubaugebiete mit seinen hinzugezogenen Bewohnern, Geschäften und Industrieanlagen ist das Unterdorf aus seinem Dornröschenschlaf erwacht und endgültig erwachsen geworden.
Es ist immer wieder erstaunlich, wie klein und winzig mir die Stätten meiner Kindheit heutzutage vorkommen.
Was einst gross und mächtig erschien, entpuppt sich heute als nichtig und klein und vieles davon hat seinen früheren Zauber aber auch seinen Schrecken verloren.
Die Welt ringsum scheint grösser geworden zu sein, während Frohen Hausen nur ein weiterer winziger Flecken

auf der Landkarte darstellt.

Viele Wegbegleiter von einst sind inzwischen verschwunden, manche sogar schon verstorben.

Nicht alle Unterdorfkinder haben so lange durchgehalten und sind durch Krankheiten, Drogen oder Unfälle ums Leben gekommen.

Angesichts dieser Schicksale habe ich das Gefühl noch einmal davongekommen zu sein, bin mir aber der Endlichkeit meines Daseins vollauf bewusst.

Vielleicht sehen wir uns alle eines Tages wieder, vielleicht ist da aber auch bloss ein grosses unbedeutendes nichts. Lassen wir uns überraschen.

Bis es so weit ist geniessen wir den Rest.

Alles Gute

Horst Heckendorn

R.I.P

Ralf Brunahl

Alfred Nurnus

Bernd Meyele

Iris Bürgelin

Werner Lange

u.v.a.

© 2024 Horst Heckendorn
Herstellung und Verlag: BoD – Books on Demand,
Norderstedt
ISBN: 9783758372537